语言历史论丛（第十二辑）

Papers on Languages and history

Volume 12

四川师范大学汉语研究所
中国 · 成都 · 2019
The Linguistic Institute, Sichuan Normal University
Chengdu, China, 2019

巴蜀书社

《语言历史论丛》(第十二辑)

主　编　周及徐　**副主编**　袁雪梅

目　录

CONTENTS

尼泊尔多特利语辅音演变规律及特点

——历史比较语言学的新证据

Bhatta Dharm Dev 周及徐[①]

摘 要 多特利语（*Dotyali*）是尼泊尔国的十大语言之一，是梵语（*Sanskrit*）的后代语言。本文对梵语与多特利多语之间的辅音演变现象进行描写，并分析、归纳其辅音演变的特点及规律。

关键词 尼泊尔 多特利语 辅音 历史演变

1. 研究背景

19 世纪下半叶，欧洲学者创立了历史比较语言学，提出了

① 作者简介：Bhatta Dharm Dev（大马）（1985—），尼泊尔国人，四川师范大学语言学博士研究生。周及徐（1957—），四川师范大学教授，研究方向为历史语言学。

许多经典的语言演变的规律和特点。但是，历史语言学的许多音变规律是由欧洲学者用欧洲的语言证明的，并未囊括人类众多的语言，比如印欧语系的一些语言。尼泊尔地区的语言就是这样。尼泊尔地区社会制度与欧洲有所不同，经济不发达，地理上远离欧洲，偏处寒冷的“世界屋脊”，因此极有价值的尼泊尔地区的语言被忽略了。

尼泊尔地区的语言，既是古老的印欧语的后裔，又与当地的语言（如藏语 Tibetan）有密切的关系。多特利语是今尼泊尔王国的一种方言，是历史上尼泊尔王国西部“多蒂王国”（1238—1790 AD）的官方语言。[1] 多特利语与印地语、尼泊尔语和其他的梵语后代语言都不同，在语音、语法、词汇和书面文学方面形成了独特的系统。多特利书面语拥有约一千年的历史。11 世纪多蒂王国的马拉（मल्ल，Malla）王朝，为多特利语最为繁荣的时期。该王朝的国君尼兰焉·马拉（निरञ्जन मल्लदेव，Niranjan Malla Dev）下令将当地的多特利语定为多蒂王国的官方语言，一直使用到 1790 年。[2]XIV 从那时至今的一千年的时间里，多特利语发生了不少的变化。例如：梵语的名词“惩罚”［dəɳɖə］在多特利语中音变为［ɖəɳɖə］>［ɖəɳɳə］、［dəɳɳə］>［ɖãɳə］。研究这些变化，能使我们了解多特利语的历史演变过程，为历史语言学研究增添新的资料。

本文根据书面资料和田野调查的材料，总结归纳多特利语词汇中辅音演变的规律。这些辅音音变规则归类为：（1）同化（Assimilation）；（2）弱化（Lenition）：擦音化（Fricationalized）、塞音化（Velarization）、浊化（Voicing）、脱落消失（Elition /Delition）；（3）

强化(Fortition):清化(Devoicing)、增音(Epenthesis);(4)转变(Conversion):卷舌化(Retroflexion)、边音化(Lateralization);(5)特殊变化(Special Changes)。

本文的主要文献资料:《多特利语大辞典》(*Dotyali Large Dictionary*, Chataut, R. D, Belu Publication House, 2001)[2]、《尼泊尔语—英语—梵语词典》(*Nepali-English-Sanskrit Dictionary*, Sharma、Basant Kumar & Sharma Vinaya Kumar, Shabhadra Prakashan, 2010)[6]、《尼泊尔语的1000年》(*Thousand Years of Nepali Language*, Khanal, Mohan Prasad, Student Book House, 2010)[4]和《当时的历史当地当代言语》(*The History and Spoken Language of That Time*, Chataut, R. D. Lusha Press, 2013)[3]。

本文的尼泊尔诸语言的田野调查资料，来自四川师范大学博士研究生大马（Bhatta Dharm Dev）从2017年7月到2017年9月在尼泊尔的田野调查，调查涉及多特利语（Dotyali）、达德杜利话（Dadeldhureli）、巴江尼话（Bajhangi）、阿茶迷话（Achami）、拜特迪话（Baitadeli）、达尔族利话（Darchuleli）、巴族若利话（Bajureli）等7个多特利语方言，有8位发音合作人。调查使用自编的《多特利诸语言词汇调查表》（与梵语对照词汇400个），并录音。本文中，来自田野调查的尼泊尔诸语言词汇用前加“☆”符号标注，如“☆बाबा [baba] ……”。

2. 多特利语的辅音

2.1 多特利语的辅音音位

表(1) 多特利语辅音列表

发音方法		发音部位							
		双唇音	龈音	卷舌音	腭龈音	硬腭音	舌面后	小舌音	喉音
塞音	不送气	p b	t t^h	ʈ ʈ^h			k k^h	(q)	
	送气	p^h b^ɦ	d d^ɦ	ɖ ɖ^ɦ			ɡ ɡ^ɦ		
塞擦音	不送气				ʧ ʤ				
	送气				ʧ^h ʤ^ɦ				
擦音			s				(x)		ɦ
颤音			r	(ɽ) (ɽɦ)					
鼻音		m	n	ɳ			ŋ		
边音			l						
半元音		w							

说明：

（1）多特利语有30个辅音（不包括括号内的）。括号内的是表示古多特利语书面语和口语中有，而在现代书面语中没有、只在某些条件下发音上有区别的音，可以看作是同类音的变体。

（2）腭龈音［tʃ］［tʃʰ］［dʒ］［dʒʱ］比古梵语的腭音［c］［cʰ］［ɟ］［ɟʱ］靠前一些；另外在发音方法上梵语的［c］［cʰ］［ɟ］［ɟʱ］发音时，舌尖要抵住下齿龈，[5]14 而多特利语中的［tʃ］［tʃʰ］［dʒ］［dʒʱ］在习惯上发音时，舌尖接触上齿龈；和英语的不同点是：英语中没有送气与不送气的对立。

（3）多特利语中的龈音［t］［tʰ］［d］［dʱ］等比英语中的龈音要靠后一些，卷舌音舌尖抬起接触龈部稍后点的部位，舌尖卷曲度比印度语和尼泊尔语的要小一些，所以听起来没有印度语、尼泊尔语的卷舌音明显。

（4）多特利语辅音在发音部位上根据音节中的前后音素有一些不同，主要有：

1）［b］和［bʱ］在半元音［j］和元音［o］构成音节时读爆破音。两个相同的音［bb］相邻（cluster）时二者都读爆破音，但是后者更响，例如：“菊花”**गुबो**［gʊbo］、“种”**डोब्या**［ɖobjæ］、“有的话”**भ्या**［bʱjæ］、“文明”**सब्य**［səbbjə］**सब्बे**［səbbe］。

2）［t］［d］［k］［g］和［tʃ］在后元音构成音节时靠后一些，例如：“过敏”**लुतो**［lʊto］、“侄子”**भदु**［bʱədʊ］、“聊天”**कुरडी**［kʊrəɽɪ］、“娃子”**गुलाम**［gʊlamə］、“醋”**चूक**［tʃukə］；［g］和［tʃ］在前元音前靠前一些，和后元音构成音节时靠后一些，例如：“鹅”**चील**［tʃilə］、“中国”**चीन**［tʃinə］、“杯子”**गिलास**［gɪlasə］、“拥护”**टेको**［ʈeko］、“气油灯”**टुक्की**［ʈʊkkɪ］等。

2.2 辅音音位出现位置

表(2) 辅音音位出现位置列表

辅音音位		词 首	词 中		
		/#_ V/	/V_ V/	/V_ CV/	/VC_ V/
[ɳ]		−	+	+	+
[ŋ]		+	+	+	+
[ɦ]		+	−	−	−
[w]		+	+	−	−
[j]		−	±	−	+
浊塞/浊塞擦音	送气	+	−	−	±
	不送气	+	+	+	+
其他		+	+	+	+

说明：

（1）“ − ” 表示出现的辅音； “#_ v”：词首； “v_ v”：元音中间（Intervocalic position）；“v_ cv”：第一音节结尾（元音后）；“vc _ v”：第二音节的开头。

（2）多特利语口语中，所有的词尾都是开音节，词尾辅音带央元音[ə]。词尾辅音所带的央元音 [ə] 以及词尾音节的长元音也读短元音。例如：名词：**काम** [kamə]、**देव** [debə][deʊ]；动词：“说” **भण** [b^{ɦ}əɳə]、“吃” **खा** [k^{h}a]；形容词：“漂亮” **रुबस** [rʊbəsə]、“甜” **गुल्ले** [gʊlle]；副词：“多” **भउत** [b^{ɦ}əʊtə]、“稍” **नानु** [nanʊ]；代词：“我” **म** [mə]/**मु** [mʊ][mʊɪ]、“她们” **इन** [ɪ. nə]；介词：“下” **तलि** [təlɪ]、“里面” **भित्र** [b^{ɦ}ɪtərə] 等。所有的词尾音节都是开口音节。这是多特利语的

最大特点。

(3) 舌尖后鼻音［ɳ］不能出现在词首；喉音［ɦ］只能出现在词首。半元音［w］不出现在词中复辅音的首辅音中；半元音［j］不能出现在音节首，一般出现在音节首的其他辅音之后。在元音之间出现，分语境（见后）。

(4) 浊送气音（塞和塞擦）在元音中间和音节结尾（元音后）时音变为不送气音，有例外：浊送气音 $d^{ɦ}$ 在词中时可以出现在音节结尾，构成复辅音音 $d^{ɦ}d^{ɦ}$。

2.3 辅音音位变体

表(3) 辅音音位变体列表

	语音环境		
辅音音位	词头	词中	
	/#_ V/	/V_ V/	/V_ CV//VC_ V/
[ɖ]	–	/ɽ/ /ɖ/	
[$ɖ^{ɦ}$]		/ɽ/ /ɽɦ/ /ɽ/	
[r]		/ɽ/	
[k^{h}]		/x/ /q/	

说明：

(1) 舌面后浊塞音［ɖ］［$ɖ^{ɦ}$］，在元音中间擦化为读卷舌音。在音节尾时，如果第二音节开头不是卷舌浊音，也会擦化为读［ɽ］或［ɽɦ］。一般都混到前者，二者都读作［ɽ］，例如：“学习”书写作**पढाइ**［$pəɖ^{ɦ}$aɪ］，有两个读音［pəɽaɪ］［pəɽɦaɪ］。一些方言中［ɖ］和［$ɖ^{ɦ}$］音的变体［ɽ］和［ɽɦ］也区别意义。例如：多特利语（Doteli）中［pəɽaɪ］和［pəɽɦaɪ］，前指的是“躺着”而后者指的是“学习”。另外，舌面后浊送气音［ɖ^{ɦ}］也不会在音节结尾出现。

（2）［k^{h}］有三种变体：

1）［k^{h}］保留着多特利语原始的音；例如：梵语读“粉笔”खरी［k^{h}əri］，在多特利语中读作［k^{h}əɽɪ］，［k^{h}əri］>［k^{h}əɽɪ］，变化在于后音节中，元音中间的 r 腭化为读 ɽ，r > ɽ；词尾的元音短化 i > ɪ。

2）古音节结尾的［m］（元音后的辅音）脱落后，第二音节首的［k^{h}］变读［x］。这种情况在现代书面语中看不到，但历史上语音演变中元音后的辅音脱落在口语中仍然存在。例如：梵语“悲伤”दुःखम्［dʊhk^{h}əm］到多特利语中音变为［duxə］；该词音变中，梵语到古多特利语中的变化是：［dʊhk^{h}əm］>［dʊk^{h}k^{h}ə］，音节结尾的 h 和 m 丢失后，辅音强化为复辅音 k^{h} > k^{h}k^{h}；从［dʊk^{h}k^{h}əm］到［duxə］是后期的变化；复辅音单化中辅音脱落后，k^{h} > x，短元音 ʊ 读 u。

3）［ʂ］演变为读的［q^{h}］。例如：梵语的“雨季”वर्षा［ʋərʂa］，在多特利语中读बर्खा［bərq^{h}a］、बरिखा［bərɪq^{h}a］。主要变化是：［ʋərʂa］>［bərq^{h}a］>［bərɪq^{h}a］，rʂ > rq^{h} > k^{h}，复辅音中的 ʂ 音变为 q^{h}，最后复辅音单化后音变为 k^{h}。在多特利语中［bərq^{h}a］和［bərɪq^{h}a］都在使用，是早晚期的变化。该词在尼泊尔语书写还是梵语的वर्षा［ʋərʂa］，而读बर्स［bərsa］，印地语中वारीस्［ʋarɪs］读作बारीस्［barɪs］。

4）颤音［r］也在元音中间和在轻音节中卷化为读［ɽ］。例如：梵语中的“草”झिरिन्टिका［ɟ^{ɦ}ɪrɪnʈɪka］，在多特利语中卷舌化为读झाड［dʒ^{ɦ}aːɽə］。

3. 辅音演变现象及其规则

多特利语汇中的语音（辅音）演变，可以归纳为以下五类。

3.1 同化

3.1.1 顺同化

表(4) 辅音顺同化列表

	梵语		多特利语	
义项	书写	读音	书写	读音
眼泪	अश्रु	[əʃrʊ]	आँसु	[ãsʊ]
屋顶	छत्र	[tʃʰətrə]	छतर，छात	[tʃʰətə] [tʃʰaː tə]
熟	पक्व	[pəkʊə]	पाक्क，पाको	[pakkə] [pako]

说明：

(1) [əʃrʊ] 到 [ãsʊ] 的变化是：后一音节 ʃr-（>ʃʃ-）>s-。

(2) [tʃʰətrə] 到 [tʃʰətə] [tʃʰaː tə] 的变化是：后一音节 tr-（>tt-）>t-。后一例伴有元音变长。

(3) [pəkʊə] 到 [pakkə] [pako] 的变化是：后一音节 kʊ->kk-，或 kʊ->ko。后一例伴有元音变为圆唇元音。多特利语中（第二和第三个例子中的）两个形式都使用。这应该是历史上不同阶段的变化。

3.1.2 逆同化

表(5) 辅音逆同化列表

	梵语		多特利语	
义项	书写	读音	书写	读音
重量	धारणी	[$d^{ɦ}$arəɳi]	धान्नी	[$d^{ɦ}$annɪ]
全部	सर्वदा	[sərʋəda]	सब्बइ	[səbbəɪ] [səppəɪ]
行	हिण्डनम	[ɦɪɳɖənəm]	हिट्ट	[ɦɪʈʈə] [ɦɪɳɳə]

说明：

（1）[$d^{ɦ}$arəɳi] 到 [$d^{ɦ}$annɪ] 的变化是：第二音节弱读，央元音省略 rəɳi- > rɳi 后，受后面音节同化 rɳi- > nnɪ-。

（2）[sərʋəda] 到 [səbbəɪ] [səppəɪ] 的变化是两次发生的。首先，第二音节中，半元音 ʋ 先受 r 的影响浊化为读 b，再次 r-受后面 b 的影响唇化：rʋ- > rb- > bb-，末音节-da 脱落；再次，元音中间的浊不送气音清化 bb- > pp-。

（3）[ɦɪɳɖənəm] 到 [ɦɪʈʈə] [ɦɪɳɳə] 的变化有两种：一是顺同化：ɳɖ- > ɳɳ-；二是逆同化：ɳɖ- > ɖɖ-。再次，元音中间的浊不送气音清化 ɖɖ- > ʈʈ-，ɳɖ- > ɖɖ- > ʈʈ-两者都脱落了末尾音节-nəm。多语以双音节词为主，梵语的三音节，在多语都成为双音节，失末尾音节。

从多特利语词汇结构来看，单音节到多音节组成的词都有，但是，多语以双音节词为主，大多是双音节词，单音节和三音节词比双音节词少。在双音节词中，重音一般是在首音节中，具体情况和音节分量也有关。有的三音节构成的词和多音节词一般都是复合词，构词方式是：词根加前缀或加后缀，重音是词根所在的部分。词根为双音节构词的词汇，重音在词根的首音节中稳固的，在口语中，一般在词根之外的词缀部分易于脱落。

3.2 强化

3.2.1 不送气化

表(6) 辅音不送气化列表

义项	梵语		多特利语		义项	梵语		多特利语	
	(/V_V/)					(/V – C/)应是:(/C – V/)			
	书写	读音	书写	读音		书写	读音	书写	读音
会议	सभा	[səbʱa]	सबा	[səba]	认真	गम्भीरता	[gəmbʱirəta]	गम्बिर	[gəmbırə]
阻碍	वाधा	[badʱa]	बदा	[bəda]	打领带	बन्धम	[bandʱəm]	बाद्द	[badə]
雨	मेघ	[megʱə]	मेग	[megə]	母虎，	बाघिणी	[bagʱrıɳi]	बागिनी	[bəgını]
学习	पठनम	[pəʈʰənam]	पाठ	[paʈə]	六十	षष्ठी	[ʂəʂʈʰi]	खस्टी	[qʰəsʈı] –
幸福	सुखम	[sʊkʰəm]	सुक	[sʊkə]	怀疑	शंख	[ʃəŋkʰə]	शॉक	[sãkə]
清洁	☆ सफा	[səpʰa]	सपा	[səpa]		–		–	–
健康	गाथ	[gatʰə]	गात	[gatə]	– –	– –	– –	– –	– –
公共	☆ साझा	[sadʒʱa]	साजा	[sədʒa]		– –	– –	– –	– –

说明：

(1) 梵语的（/V_ V/）的送气音在多特利语中读不送气音；其中清

浊送气音都不送气化，但是有的直接音变，例如：[səb^{ɦ}a] > [səba] 中只是 b^{ɦ}- > b-，[gat^{h}ə] > [gatə] 中只是 t^{h}- > t-等，而有的历经几次变化，例如：[sʊk^{h}əm] > [sʊk^{h}k^{h}ə] > [sʊk^{h}ə] [sʊkə]，词尾音节尾的 m 脱落后 k^{h}- > k^{h}k^{h}- > k^{h}- > k-。

（2）梵语的（/V-C/）（/C-V/）中和塞音、塞擦音之外的辅音构成复辅音时，清浊送气塞音、塞擦音也不送气化，这种变化一般是历经过几层变化，例如上表右列中的变化，详细的是：[gəmb^{ɦ}irəta] > [gəmb^{ɦ}ɪrə] > [gəmbɪrə] > [gəmɪlo]，mb^{ɦ} > mb > ø；词尾的音节 ta 丢失后，辅音中的浊送气音，再次不送气化，到最后消失。多特利语中在文读和白读的情况下有这种变化，该词文读 [gəmbɪrə]，白读 [gəmɪlo]。又如 [bag^{ɦ}rɪɳi] 到 [bəgɪnɪ] 中的变化是：[bag^{ɦ}rɪɳi] > [bag^{ɦ}ɪnɪ] > [bagɪnɪ] > [bəgɪnɪ]，g^{ɦ}r- > g^{ɦ}- > g-。

3.2.2 清化

表(7)　辅音清化列表

义项	梵语	读音	多特利语	读音
纸	कागद	[kagədə]	कागत　काकत	[kagətə] [kakətə]
规格	लगुड	[ləgʊɖə]	लकुडो लौडो	[ləkʊɽo] [ləʊɽo]
小便	☆ पिशाव	[pɪʃaʊə]	पिसाप पिसा:	[pɪsapə] [pɪsa:]
费用	खर्ज	[k^{h}ərdʒə]	खर्च，खरच	[k^{h}ərtʃə] [k^{h}ərətʃə]

说明：

（1）[kagədə] > [kagətə] > [kakətə] 中的变化很有规律的，梵语的三音节词，首先词尾的音节中的辅音清化，然后词中的辅音清化。[kagətə] > [kakətə] 是后期变化。[ləgʊɖə] 也是先音变为 [ləgʊɽo]，再 [ləgʊɽo] > [ləkʊɽo] > [ləʊɽo] [ləʊɽɪ]。多特利

语中单数名词词尾是带［o］和［ɪ］（阳性带 o，阴性带 ɪ）。

（2）［pɪʃaʊə］到［pɪsapə：］的变化是：先是元音中间的 ʊ- > b-，再是元音中间的 b- > p-，最后在词尾时重音节后的轻音节丢失。音节脱后的地方元音拉长来填补。

（3）［k^hərdʒə］到［k^hərətʃə］的变化也是，先词尾的 rdʒə > rtʃə，然后 rtʃə 双音节化为 rətʃə。

这是梵语对应多特利语的一个规律：多特利语不接受梵语的辅音串，在其中第一个辅音后插入元音，使其成为两个音节，符合多特利语习惯。

3.2.3 增音

表(8) 辅音增音列表

	梵 语		多特利语	
义项	书写	读音	书写	读音
为什么	किम्	［kɪm］	किन्नाई	［kɪnnaɪ］
新、陌生	नव	［nəʊə］	नउलो	［nəʊlo］
早晨	प्रभात	［prəb^{ɦ}atə］	पर्भातिक	［pərb^{ɦ}atɪkə］

说明：

（1）［kɪm］到［kɪnnaɪ］的变化是：［kɪm］>［kɪnə］>［kɪnnaɪ］，m- > nə- > nnaɪ，增加词尾。

（2）［nəʊə］到［nəʊlo］的变化是：［nəʊə］>［nəʊ］>［nəʊlo］。梵语的同等分量的双音节词，在多特利语中容易异化，音节中的一个音素丢失后，重音节在第一音节中，所以没有元音中间的半元音 ʊ 音变为 b，增加词尾-lo。

（3）［prəb^{ɦ}atə］>［pərb^{ɦ}atɪkə］的变化是：第一音节的元音 ə 前移，拆开词首复辅音，增加词尾-kə。

3.3 弱化

3.3.1 浊化

表(9) 辅音浊化列表

	梵语		多特利语	
义项	书写	读音	书写	读音
弟子	भक्तम	［b^{ɦ}əktəm］	भगत	［b^{ɦ}əgətə］
分享	बन्टनम	［bəɳʈənəm］	बाड्डु बाण्णु	［bãɖɖʊ］［bɑɳɳʊ］
死亡	मृत्यु	［mritju］	मद्द，मन्नु	［məddə］［mənnə］
宴	सकुन	［səkʊn］	सगुन	［səgʊnə］

说明：都是第一音节与第二音节之间，元音之间的清辅音浊音化。

（1）［b^{ɦ}əktəm］到［b^{ɦ}əgətə］变化是：［b^{ɦ}əktəm］>［b^{ɦ}əktə］>［b^{ɦ}əkətə］>［b^{ɦ}əgətə］，第一音节尾 m 脱落后，ktə 增加为 kətə。

（2）［bəɳʈənəm］到［bãɖɖʊ］的变化是：［bəɳʈənəm］>［bãʈʈə］>［bãɖɖə］［bɑɳɳə］>［bãɖɖʊ］［bɑɳɳʊ］，ɳʈ- > ʈʈ-逆同化，前音节元音鼻化，再次 ʈʈ > ɖɖ。另外一种是：［bəɳʈənəm］到［bɑɳɳə］［bɑɳɳʊ］，变化是 nəm 音节脱落后，词中的 ɳʈ- > ɳɳ-。多特利语中动词词尾结尾带 ʊ。

（3）［mritju］>［məddə］>［mənnə］：前一音节复辅音 mr-单化为 m-，后一音节 tj-弱读为浊音 dd-。［məddə］>［mənnə］：后一音节中 dd-受词首 m-影响，变为鼻音 nn-。这是先后的变化。

(4) [səkʊn] 到 [səgʊnə] 的变化是：-kʊ- > -gʊ-，再按多特利语习惯变为开音节：-gʊn > -gʊnə。

3.3.2 送气化

表(10) 辅音送气化列表

	梵语		多特利语	
义项	书写	读音	书写	读音
看（名词）	दृष्टि	[drɪ ʂ ʈɪ]	डिठ	[ɖiʈ^{h}ə]
尸体	मुर्दा	[mʊrdə]	मुर्धा	[mʊrd^{ɦ}a]
看见（动词）	दृश	[drɪʃə]	धेक	[d^{ɦ}ekə]
胸部	स्तन	[stənə]	थुन	[t^{h}unə]
走	☆ जा	[dʒa]	झा	[dʒ^{ɦ}a]

说明：

(1) 梵语词首的 dʒ、t、d 在后代语言中读送气音的几乎不见。例如：梵语 [drɪʃə] 在印度语中音变为 [dek^{h}a]，尼泊尔语中读 [dek^{h}ə]，词首辅音仍是不送气。而多特利语一些词汇中，梵语词首音节和末音节的不送气音 dʒ、ʈ、d 演变为 dʒ^{ɦ}、ʈ^{h}、d^{ɦ}。

(2) [drɪ ʂʈɪ] 到 [ɖiʈ^{h}ə] 的演变是：[drɪ ʂʈɪ] > [ɖɪʈʈɪ] > [ɖɪʈ^{h}ʈ^{h}ɪ] > [ɖiʈ^{h}ə]。两种变化，第一种变化是：在辅音 r 的影响下 d- > ɖ-；第二种变化是：ʂʈ- > ʈʈ-，辅音同化后，ʈʈ 再强化为 ʈ^{h}ʈ^{h}，最后复辅音单化，ʈ^{h}ʈ^{h}- > ʈ^{h}-，ʂʈ- > ʈʈ- > ʈ^{h}ʈ^{h}- > ʈ^{h}-。复辅音单化中的首辅音脱落后，空缺的位置由长元音来填补，所前音节中的 ɪ- > i-。

(3) [mʊrdə] 到 [mʊrd^{ɦ}a] 的变化是：-rdə > -rd^{ɦ}a-。

（4）［stənə］到［t^{h}unə］中，先词首的辅音单化，然后送气化，t- > t^{h}-。

3.3.3 脱落

表(11) 轻音节或轻音节的辅音脱落列表

	梵语		多特利语	
义项	书写	读音	书写	读音
做事	कृ	［krɪ］	अरि	［ərɪ］
吵架	कलहः	［kələɦə］	कल कला:	［kələ］［kəla：］
一起	सङ्ग	［səŋgə］	सँ. सड सड्ड	［səŋŋə］［səŋə］［sə̃］
奶酪	घितम	［g^{ɦ}ɪtəm］	घि	［g^{ɦ}i］
塔	षम्भ	［ʂəmb^{h}ə］	खामो. खामु	［k^{h}amo］［k^{h}amʊ］
四	चत्वार	［ɕətʋarə］	चार	［tʃarə］

说明：

（1）复辅音单化时，前一个辅音消失。例如：梵语的“地方”［st^{h}an］>［t^{h}anə］中 st^{h}- > t^{h}-。［səŋgə］到［sə̃］也是经历几次的变化：［səŋgə］>［səŋŋə］>［səŋə］>［sə̃］，ŋg- > ŋŋ- > ŋ-，最后词尾轻音节丢失后鼻音到前音节中。

（2）词首的或词尾的轻音节，或音节中的辅音消失，［krɪ］到［ərɪ］的变化是：［krɪ］>［kəri］>［ərɪ］。

（3）［g^{ɦ}ɪtəm］到［g^{ɦ}ɪ］变化是：［g^{ɦ}ɪtəm］>［g^{ɦ}ɪtə］>［g^{ɦ}i］。［kələɦə］到［kələ］中词尾的-ɦə 音节消失。轻音节中的清塞音、塞擦音，元音中间的边音、颤音以及喉擦音容易消失，甚至整个音节消失。

(4) [ʂ̥əmb^{h}ə] 到 [k^{h}amo] 中的变化：一是词首的 ʂ̥ - > k^{h}- (后见)，一是 mb^{h}ə > mo。

(5) [ɕətʋarə] 到 [tʃarə] 中复辅音 tʋ 消失和央元音 ə 的省略。

另外，最常见的是，两个相同的音素构成的双音节名词中，首音节消失，例如："爸爸" [baba] > [ba:]。或其中的一个音节中的元音变化：☆ [baba] > [bəba]。

3.3.4 塞音和擦音的塞擦音化

表(12) 塞音和擦音的塞擦音化列表

	梵 语		多特利语	
义项	书写	读音	书写	读音
真理	**सत्य**	[səttjə]	**साँच्ची**	[sãtʃtʃɪ]
小牛	**वत्स्य**	[ʋətsjə]	**बाछ्छा**	[batʃ^{h}tʃ^{h}a]
小的(年龄)	**कनिष्ठ**	[kənɪ ʂ̥ jə]	**कान्छो**	[kantʃ^{h}o]
工作	**कार्य**	[karjə]	**काज्जे, कार्जे**	[kardʒe] [kadʒdʒe] [kadʒə]
声屏	**वाद्य**	[ʋadd^{h}ə]	**वाजो**	[badʒo]

说明：

(1) [səttjə] 到 [sãtʃtʃɪ] 的变化是：[səttjə] > [sãtʃtʃə] > [sãtʃtʃɪ]，ttjə- > tʃtʃə- > tʃtʃɪ-。

(2) [kənɪ ʂ̥jə] 到 [kantʃ^{h}o] 中的变化是：[kənɪ ʂ̥jə] > [kanso] > [kantʃ^{h}o]，ʂ̥jə- > so- > tʃ^{h}o-。

(3) [ʋətɕjə] 到 [bats^{h}ts^{h}a] 的变化是：[ʋətsjə] > [batʃtʃ^{h}a] > [batʃ^{h}tʃ^{h}a]，tsj- > tʃtʃ^{h}- > ts^{h}ts^{h}-。

(4) [ʋadd^{ɦ}jə] 到 [badʒo] 的变化也应该是：[badd^{ɦ}jə] > [badʒdʒə]

>［badʒo］，dd^{ɦ}jə- > dʒdʒə- > dʒo-。

（5）今读［dʒ］辅音一大部分是来自语梵语，甚至布拉克利特语中的［j］。［karjə］>［kardʒe］［kadʒdʒe］［kadʒə］，后一音节 rj-塞擦化为 dʒ-。

3.3.5 卷舌化

表(13)　辅音卷舌化列表

	梵语		多特利语	
义项	书写	读音	书写	读音
一个半	द्वैर्ध	［dʋjərd^{ɦ}ə］	डेउड डेड	［ɖeʋɽə］［ɖeː ɽə］
看(名词)	दृष्टि	［drɪ ʂ ʈɪ］	गर्त	［ɖiː ʈ^{h}ə］
溪	गर्त	［gərtə］	गाड	［gaː ɽə］
分享	वन्टनम	［bənʈənəm］	बाण	［bãɳə］

说明：

多特利语发音习惯将龈音读为卷舌音，其中卷舌化现象有两种：一是同部位清塞音或浊塞音变为卷舌颤音，二是龈音（舌尖音）演变为卷舌音。

（1）［dʋjərd^{ɦ}ə］到［ɖeʋɽə］　［ɖeː ɽə］的变化是：［dʋjərd^{ɦ}ə］>［ɖjərə］>［ɖeʋɽə］>［ɖeː ɽə］，dʋjə- > ɖjə- > ɖe-，r- > ɽ-。

（2）［drɪ ʂʈɪ］到［ɖiː ʈ^{h}ə］中 dr > ɖ，是 d 受 r 的影响而变化的。［gərtə］到［gaː ɽə］中的音变是：rtə- > rə- > ɽə-。

（3）［bənʈənəm］到［bãɳə］的演变是：［bənʈənəm］>［bãʈʈə］>［bãʈə］>［bãɳə］。

3.4 转变

3.4.1 龈辅音边音化

表(14) 龈辅音边音化列表

	梵语		多特利语	
义项	书写	读音	书写	读音
十六	षोडश	[ʂoɖəʃə]	सोल	[soːlə]
不断地	सततम्	[sətətəm]	सर्र सल्ल	[sərrə] [səllə]
湖、池	सरस	[sərəs]	खाल खाली	[kʰalə] [kʰaː lɪ]
湖(大的)	तडाग	[təɖagə]	ताल	[talə]

说明:

(1) [ʂoɖəʃə] 到 [soːlə] 的变化是: [ʂoɖəʃə] > [ʂoɖə] > [sofirə] [sorə] > [soːlə], 词尾的 ʃə 脱落后 ɖə- > firə- > rə- > lə-。[təɖagə] 到 [talə] 也是如此: 词尾的轻音节丢后 [təɖa] > [təɽa] > [talə], ɖa- > ɽa- > lə-。

(2) [sətətəm] 到 [sərrə] [səllə] 的变化是: [sətətəm] > [sərərə] > [sərrə] > [səllə], tə- > rə > lə-。[sətətəm] 变为两个词 [sərrə] 和 [səllə], 前者表示“不断地吹风”, 后者表示“不断地流水”。

(3) [sərəs]到[kʰalə]的变化: 音节尾的 s 脱落后 [sərə] > [kʰalə], sə- > kʰa- (前见), rə- > lə-。

3.4.2 换位

表(15) 辅音换位列表

	梵语		多特利语	
义项	书写	读音	书写	读音
巫婆	पिशाच	[pɪʃatʃ]	पिचास	[pɪtʃasə]
木头	दाउरा	[daʊra]	दर्ङो	[dərŋo]
一种树	खसु	[kəsrʊ]	खर्सु	[kərsʊ]

说明：

（1）[pɪʃatʃ] 音变到 [pɪtʃasə] 中的变化就是词尾和词中的音节交换：ʃatʃ- > tʃasə-。

（2）[daʊra] 到 [dərŋo] 的变化是：[daʊra] > [dərʊwə] > [dərʊwã] > [dərŋo]，ʊra- > ruwə- > rʊwã- > rŋo-。

（3）[kəsrʊ] 和 [kərsʊ] 中 sr- > rs-。

3.5 特殊变化

梵语 ʂ 与多特利语 k/k^{h}/q^{h} 有对应关系，如下表：

表(16) 梵语 ʂ 与多特利语 k/k^{h}/q^{h} 对应列表

	梵语		多特利语	
义项	书写	读音	书写	读音
塔	षम्भ	[ʂəmb^{ɦ}ə]	खामो，खामु	[k^{h}amo] [k^{h}amu]
草药	अ◌ौषधी	[əʊʂəd^{ɦ}ih]	ओखदो ओखती	[ok^{h}ədo] [ok^{h}ətɪ]
星家	ज्योतिष	[dʒjotɪʂə]	जोतिख	[dʒotɪk^{h}ə] [dʒotɪkə]
雨季	बर्षा	[bərʂa]	बर्खा बरिखा	[bərq^{h}a] [bərɪk^{h}a]

说明：

[ʂəmb^{ɦ}ə] > [q^{h}əmb^{ɦ}ə] > [kəmmə] > [k^{h}amo]，[əʊʂəd^{ɦ}ih] > [əʊʂəd^{ɦ}i] > [əʊʂədi] > [ok^{h}əti] > [ok^{h}ətɪ]，[bərʂa] > [bərq^{h}a]，都在词的不同位置和不同的语音环境上有 ʂ > k^{h} 的变化。[bərʂa] 中音节尾的辅音 ʂ> q^{h}，在发音上是因为受颤音 r 的影响比舌面后音靠后一些，其他变化前见（浊化）。

多特利语中的辅音演变指的是音节中的辅音音位的演变现象。从古代梵语到现代的多特利语，大多数演变现象可以从语音规律得到解释，而且可以解释多特利语和其他印度语群语言的亲属关系。但是有一些现象，不只是纵向的语音演变关系。例如梵语的[ʂ]对应于多特利语的 [k] [k^{h}] [ɡ] [q^{h}] 的语音现象，与原始印欧语 S 语支（东支）和 K 语支（西支）的关系很相似。[7]98 多特利语是否与印欧语系语言的 K 语支有关系？这个问题有待进一步研究。

参考文献：

[1]阿帝卡利. 尼泊尔语的历史[M]. 加德满都：布迪布然出版社，2001. अधिकारी, सुर्यमणी(२०७०), नेपाली भाषाको ईतिहास:भुँडीपुराण प्रकाशन, काठमाडौं। Adhikariu S. 2014. *History of Nepali Language*. Kathmandu：Bhudipuran Prakashan.

[2]加都特. 多特利语大辞典[M]. 加德满都：贝鲁斯木帝中心，2001. चटौत, आर.डी.प्रभास (२०५८), डोट्यालीबृहत शब्दकोश: वेलु-विश्वस्मृति प्रतिष्ठान, काठमाडौं। Chataut R. D. 2001. *Dotyali Large Dictionary*. Kathmandu：Belu Publication House.

[3]加都特. 当时的历史当地当代言语[M]. 加德满都：鲁斯出版社，2013. चटौत, आर.डी.प्रभास, (२०७०), बेलाको बोली बखतको इतिहास: लुष प्रेस, काठमाडौं। Chataut R. D. 2013. *The History and Spoken Language of That Time*. Kathmandu：Lusha

Press.

[4]卡纳拉. 尼泊尔语的 1000 年[M]. 加德满都:博达合地书馆,2012. **खनाल , मोहन प्रसाद ,**(२०६८), **नेपाली भाषाका हजार वर्ष : भोटाहिटी पुस्तक भण्डार , काठमाडौं।** Khanal M. P. 2012. *Thousand Years of Nepali Language*. Kathmandu: Student Book House.

[5]罗世芳主编. 梵语课本[M]. 商务印书馆,2016.

[6]沙尔玛 · 巴,沙尔玛 · 毕. 尼泊尔语—英语—梵语词典[M]. 加德满都:苏巴德拉出版社,1998. **शर्मा , वसन्त कुमार , विनय कुमार** (२०६७), **नेपाली – अङ्ग्रेजी – सस्कृत शब्दसागर : शब्दार्थ प्रकाशन , काठमाडौं।** Sharma B. & Sharma V. 2010. *Nepali-English-Sanskrit Dictionary*. Kathmandu: Shabhadra Prakashan.

[7]周及徐. 汉语印欧语词汇比较[M]. 四川民族出版社,2002.

Evolution and Features of Dotyali Consonants

——A New Evidence for Historical Comparative Linguistics

Bhatta Dharm Dev, Zhou Jixu

(Sichuan Normal University, chengdu 610068, China)

Abstract: Dotyali is one of the top 10 languages in Nepal, a descendant language of Sanskrit. This article introduces the evolution phenomenon of Dotyali consonants from Sanskrit to Dotyali, describes and analyses it's features and rules.

Key words: Nepal; Dotyali; consonant ; historical evolution

古田话合音现象研究[①]

林 晗 张维佳[②]

摘 要 合音是一类特殊且重要的变音现象，声韵调发生有规律的重组，在方言中普遍存在。词汇性合音和语法性合音两个合音类别在古田话中都存在。古田话合音的形成原因可以从语言的经济原则和词语自身的特性两个角度来解释，我们完全可以通过对比邻近地区方言和传教士文献来初步理清这些合音词的凝固过程。各大方言区的合音类型相近，因此古田话合音词的研究对其他地区的方言合音词研究具有参考和对比意义。

关键词 合音现象 合音词 古田话 凝固程度

---

① 本文受北京师范大学2017年自主科研基金项目“北京口传语言文化资源数据库建设与研究”的经费支持。

② 作者简介：林晗，北京师范大学硕士研究生，师从张维佳教授，研究领域：汉语语音史与方言学。张维佳，北京师范大学文学院教授、博士生导师，研究领域：汉语语音史与方言学、社会语言学、语言规划学。

合音现象是指在一定条件下，两个及以上音节相拼连读成一个音节的现象，普遍存在于词汇、语法等层面，在书面上可能用一个字即合音字来表示，它是语言中一种特殊的语音形式。因此，陈卫恒[3]认为：合音属于变音，因其不单是语音形式变化，还兼有语法、词汇等意义形式的变化而区别于纯语音的音变。

目前已经有不少关于合音现象的研究，涉及合音理论、普通话合音词、古方言合音词、方言合音词和网络合音词等诸多方面。张玉霞、于思湘[17]认为“急说快读”“合音下字是零声母”“使用频率高”“多表示否定意义”等是合音词形成的条件，周辉[18]补充“句尾语气词容易发生合音现象”；冯雷利[5]分析了合音音节与两个被合音节声母、韵母和声调之间的关系，认为合音音节的声母可能取自被合前音节声母及其变化形式，韵母可能取自被合后音节韵母及其相近韵母，声调的形成也有多种可能性。不少方言的合音词都存在有音无字、有音有字两种类型，杨剑桥[16]指出合音字反映合音词的方式有：（1）把原来的两个字合并为一个字；（2）借用其他字；（3）另造新字。

关于方言的合音现象研究集中在北方方言区，尤以河南、山西为多，大多从音节特点、构成类型、语法性质和成因四个方面入手，这些研究基本是从共时的角度进行描述，极少做历史的探讨。目前也有关于古田话合音现象的研究，李滨[6]关注了古田话合音现象中“否定副词＋中心词”这一类型，她指出在“否定音变”中，说话人改变动词本身声母或声调，就可以表达出动词的否定义。杨碧珠[15]也仅对该现象进行讨论，没有对古田话合音词的类型进行整体把握。这就给了笔者较充足的研究空间来补充前人的论述，并进一步研究。古田话中存在否定词、疑问用词、副词等类型的词汇性合音，也有成系统的语法性合音，合音词的凝固过程可从邻近地区方言的相同词汇中得到印证。

一、古田话音系

古田县位于福建省东北部，毗邻宁德、罗源、屏南、建瓯、南平、闽清、闽侯等县（市）。古田县境内有多种口音，其中以城关新城镇为代表的古田话使用人口最多，属闽东片侯官小片。

1. 古田话声母系统

双唇声母：	p 杯步边飞	p‘ 拼怕皮蜂	m 门墓无尾	
齿龈声母：	t 大茶知戴	t‘ 太体台虫	n 你男女二	l 兰林来礼
齿背声母：	ts 齐在紫炸	ts‘ 床车刺插贼鼠树	s 苏寺时税生坐船	
软腭声母：	k 过加求件	k‘ 课苦开齿	ŋ 我牙熬午	x 河份好飞
零声母：	○爱雨鞋舀蛙万			

这 15 个单字音声母与福州话声母一致。口语连读时会发生声母音变，产生“β”“ʒ”“ɲ”等声母。

2. 古田话韵母系统

共 52 个韵母，阴声韵、阳声韵、入声韵兼备。

	i 来弊米智美诗衣	u 孤所牛部	y 书女柱芋水
a 牙柴怕饱打	ia 遮寄赊写	ua 花寡画话爪	
ai 财太戒败坏狮		uai 大怪歪我	
au 包豆孝偷			
ɛ 西齐牌璃会			
	ie 茄皆祭契废桂紫费		
eu 抖扣狗条	ieu 烧少聊表		

ɔ 歌玻科毛讨			
		uo 果摸布	
oi 坐催吹袋短		uoi 火杯外岁皮未	
œ 初梳最			
			yø 靴借桥去
		ui 贵位跪开肥	
	iu 秋守救幼		
	iŋ 浸宾敏正京等星	uŋ 穿云春峰轰船	yŋ 跟银近芹穷钟
aŋ 男三衫看山班平	iaŋ 声厅命镜鼎听兄	uaŋ 范盘横满万	
eiŋ 咸甜田慢县硬争			
	ieŋ 尖严钱圆		
ouŋ 帮江酸缸状行			
		uoŋ 元全门光	
øyŋ 东双孔朋虫冬			
			yøŋ 香羊想剩章
	ik 立笔直历	uk 出木服毒	yk 域肉竹育狱
ak 盒蜡插鸭割杀瞎	iak 屐	uak 括法活刮	
eik 八得十色			
	iek 接业碟热结		
ouk 夺没作骨刷			
		uok 雪月郭绝国	
øyk 北墨德六			
			yøk 歇弱略决
aʔ 拍麦白客隔	iaʔ 壁僻摘	uaʔ 划	
ɔʔ 桌学错			
		uoʔ 烛局绿玉	
œʔ 嗝			
			yøʔ 借药石

3. **古田话声调系统**

阴平 ꜀□	55	高猪天安
阳平 ꜁□	33	穷床才寒
上声 ꜂□	42	古走口手
阴去 □꜄	21	正唱菜怕
阳去 □꜅	24	五坐共病
阴入 □꜆	2	曲七黑百
阳入 □꜇	5	月入白合

古音清浊影响声调，除浊声母上声字归阳去外，其余清浊声母分别对应阴阳。连读中还会出现 544、35、45、53 四个变调。[6]

二、古田话合音现象的分类

合音类别可分为“词汇性合音”和“语法性合音”两类，前者合音成分是词汇性成分，后者合音成分包含预测性高的词汇性成分或语法性成分。二者区分标准主要就在于合音是否能够成批出现，后者是词汇性合音中虚词性合音的进一步发展，形成了特殊的语音标记。[3]

1. **词汇性合音**

（1）否定副词“𫜌”

𫜌 mε^{24}：应为“无解” mɔ^{55}ε^{24}的合音，义为“不会，不可以”。

（2）数词、数量词

廿 niek^{5}：“二十” ni$^{24-33}$s－leik^{5} 的合音。只有在后面跟有

个位数时才合音。

卌 $siek^{5}$：“四十” $si^{21-33}s-leik^{5-45}$的合音。只有在后面跟有个位数时才合音。

$nia\eta^{42}$：“仂囝” $ni^{5}kia\eta^{42}$的合音，义为“一点”。

（3）疑问代词

$t\o y\eta^{35}$：“底侬” $tie^{42}n\o y\eta^{33}$的合音，义为“谁”。“底”表示“何，什么”，“侬”表示“人”。

toi^{53}：“底块” $tie^{42}t-loi^{21}$的合音，义为“哪里”。

$ts\text{ɔ}^{35}$：“做乇” $ts\text{ɔ}^{21}n\text{ɔ}^{35}$的合音，义为“干什么，为什么”。

$tsie^{55}$：“怎地” $tsie^{33}tie^{24}$的合音，义为“怎么”。

$tsuo\eta^{53}$：“者款” $tsie^{33}k‘-ua\eta^{42}$的合音，义为“怎样”。

（4）副词

$tei\text{ʔ}^{2}$：“第一” $t\varepsilon^{24}ik^{2}$ 的合音，义为“最”。

罔 $muo\eta^{42}$：应为“无妨” $u^{33}huo\eta^{33}$ 的合音，义为“姑且，不妨，随便”。

$ku\varepsilon^{55}$：“固会” $ku^{55}\varepsilon^{24}$的合音，义同“还”。

（5）指代用词

$tsou\eta^{35}$：“者行” $tsie^{42}ou\eta^{2}$ 的合音，义为“这会儿”。“者”表示“这”，“行”表示一段时间。

$tsiu^{35}$：“者古” $tsie^{42}ku^{33}$的合音，表示“此时，现在”的意思。陈泽平指出“古”是“久”的白读音。[3]

$tsia^{55}$：“自家” $tsi^{33}ia^{55}$的合音。

除上述几类外，还有一些零散的词汇性合音，如名词“诸娘囝” $tsy\eta^{55}k-\eta ia\eta^{42}$，意思是“未出嫁的姑娘”，“$tsy\eta^{55}$”是“诸娘” $tsy^{55}ny\o \eta^{33}$的合音。

2. 语法性合音

古田话中的语法性合音主要指否定合音。

（1）否定副词“伓”+动词

meik^{53}：“伓八”iŋ + peik^{21}的合音，义为“不知道”。我伓八［meik^{53}］伊去过北京。

ŋiaŋ^{544}：“伓走”iŋ + kiaŋ^{33}的合音，义为“不走”。汝走伓走［ŋiaŋ^{544}］。

nieʔ^{5}：“伓食”iŋ + sieʔ^{5}的合音，义为“不吃”。伊伓食［nieʔ^{5}］。

ŋiaŋ^{55}：“伓听”iŋ + t‘iaŋ^{55}的合音，义为“不听”。伊伓听［ŋiaŋ^{55}］汝讲。

maʔ^{5}：“伓打”iŋ + p‘aʔ^{2}的合音，义为“不打”。我伓打［maʔ^{5}］汝。[6]

（2）否定副词“伓”+形容词

ŋeiŋ^{544}：“伓咸”iŋ + keiŋ^{33}的合音，义为“不咸”。

neiŋ^{53}：“伓甜”iŋ + tieŋ^{21}的合音，义为“不甜”。

ŋε^{53}：“伓快”iŋ + k‘ε^{21}的合音，义为“不快”。

meiŋ^{544}：“伓慢”iŋ + meiŋ^{24}的合音，义为“不慢”。

该类情况一般出现在“X不X”句式中，如：

咸伓咸甜伓甜 keiŋ^{33}ŋeiŋ^{544}tieŋ^{55}ŋieŋ^{55}

快伓快慢伓慢 k’ε^{21}ŋε^{53}meiŋ^{24} meiŋ^{544}

李滨[6]指出，动词/形容词在表达否定意义时，韵母不变，改变声母或声调，声母往往变为鼻音，声母存在以下变化规律：

p、p‘→m

t、t‘→n

ts、ts‘→nz

k、k‘、x、○→ŋ

m、n、l、ŋ→不变

此规律恰好契合古田话原有的声母类化规律，即其中阳声韵后的声母的变化。

表 1　古田话声母类化规律表

单字声母	类化声母			
	阴声韵后	入声韵后		阳声韵后
		-ʔ	-k	
p、p‘	B	β	不变	m
t、t‘、s	L	l	不变	n
ts、ts‘	ʒ	ʒ	不变	nz
k、k‘、x			不变	ŋ
	不变	不变	不变	ŋ
m、n、l、ŋ	不变	不变	不变	不变

据此，我们可以推测，在动词/形容词前可能存在过一个已经“消失”了的以阳声韵收尾的否定词，即为合音上字。同属侯官片的福州话中至今还保留着否定副词“伓”［iŋ］，因此，古田话中应该也存在过否定副词“伓”［iŋ］，而动词/形容词与之连读发生声母类化，接着否定副词脱落，两个音节合并为一个音节。

三、古田话合音规律

古田话合音现象声韵调变化也可从词汇性合音和语法性合音这两类来考虑，语法性合音已经形成规律性的变化。

1. 词汇性合音

词汇性合音中，合音词的声母大都取自合音上字声母，韵母可能来自合音下字韵母或变化的合音下字韵母。

<u>无</u>解 mɔ^{55}ɛ^{24}—mɛ^{24}

底块 tie$^{42-35}$t－loi$^{21-53}$—toi^{53}

者行 tsie^{42}ouŋ^{2}—tsouŋ^{35}

二十＋个位数：ni$^{24-33}$s－leik^{5}/_ —niek^{5}/_

四十＋个位数：si$^{21-33}$s－leik$^{5-45}$/_ —siek^{5}/_

者款 tsie^{33}k‘－uaŋ^{42}—tsuoŋ^{53}

合音上字为开音节，韵母为单元音，合音下字为零声母单元音，上下字韵母拼合在一起，如：第一 tɛ^{24}ik^{2}—teiʔ^{2}，入声尾－k 变为喉塞尾－ʔ。

词汇性合音的声调没有形成固定规律，但声调多与连续变调后的合音下字同。

2. 语法性合音

否定合音现象的声韵调变化已经形成规律，合音过程可以分解为声母类化→前词脱落两个步骤，其中，后词声母类化具有了与原义区别的功能，也就为前词的脱落提供了可能性。如果合音下字声母原来是鼻音、边音，如 m、n、l、ŋ，则保留下字声母不变，改变声调来区分意义，否定词脱落。

怀通 iŋ + tøyŋ^{55}—nøyŋ^{45}

怀走 iŋ + kiaŋ^{33}—ŋiaŋ^{544}

怀使 iŋ + sai^{42}—nai^{5}

怀八 iŋ + peik^{21}—meik^{53}

怀给 iŋ + k‘ik^{2}—ŋik^{5}

怀食 iŋ + sieʔ^{5}—nieʔ^{5}

怀慢 iŋ + meiŋ^{24}—meiŋ^{544}

怀找 iŋ + lɔ^{24}—lɔ^{544}

语法性合音，即否定合音现象声调按下列规律变化：55→45、33 \ 24→544、42 \ 21→53、2 \ 5→5。

语言的演化虽然不排除由简变繁的例子，但总体的趋势是简化的。叶斯柏森在研究语音变化的过程中，找到了语言演变的内在原因，建立了他的简易理论和价值原则。合音现象就是该原则的体现，说话人将多个音节缩合成一个音节，不妨碍听话人理解说话人的想法，那么这种省力省时的音变就具有了可行性，那些被缩合被省略的部分就具有无值性，人们会更倾向用更简易的方式来表达同样的意思，因此合音现象也将逐渐固定下来。方言合音词的形成就是经济原则与区别原则相互博弈的结果，既追求表达的简单紧凑又要保证表义的明晰。

虽然汉语词汇构造的主流趋势是双音化，但单字在句法和词汇编码结构中占核心地位。[3] 发生合音的词语共有特征是：很大一部分是动词或形容词的否定形式，否定合音形式已形成有规律的系统；代词和副词的数量较多；都属于生活中的常用词，大都是方言中的核心词汇。另外，“每种语言显然正在经历形式及语义变化，这些变化总体上朝着缩短较长词语的长度和使用频率之间存在反比例关系。”[1] 越是经常使用的词语，在使用中越容易快速连读，并且合音的形式也越容易被传播和接受。

除上以外，语法化可能造成语音弱化，进而形成合音，合音反过来也巩固了演变的成果，加速了演变的进程。[10]

四、古田话合音现象的变化过程

不同区域的发展程度可能不同，我们通过对比古田话和其他邻近方言中的合音词，可以探究出合音的过程和区域内某几种合音词发展的速度差异；通过对比传教士文献，可以推断合音形成的大致时段。

1. 与邻近地区方言对比看变化过程

林寒生[12]列出了闽东方言的疑问代词对比表，此外，泉州郊县的“谁”读为［tiaŋ^{2}］，厦门话“底人”由［ti^{32} laŋ^{35}］合音为［tiaŋ^{35}］。

表 2　闽东方言疑问词对比表[12]

	谁	什么	哪里
福州	底侬 tie^{53} nøyŋ^{53}	甚乇 sieŋ^{53} nɔʔ^{23} 乜乇 mieʔ^{53} nɔʔ^{23}	底所 tie^{241} œ^{31}
长乐	底侬 tie^{44} løyŋ^{53}	甚乇 sie^{53} lɔʔ^{23}	底所 tie^{34} lœ^{21}
福清	底侬 ti^{44} nøŋ^{44}	乜乇 mieʔ^{53} no^{21}	倒落 to^{21} lo^{53}

	谁	什么	哪里
永泰	底侬 ti^{44}nøyŋ^{453}	乇乇 no^{53}noʔ^{3}	底所 tie^{24}le^{31}
古田	tøyŋ^{33}	noʔ^{5}	toi^{2}
福安	tøyŋ^{42}	乜乇 mi^{55}nok^{5}	tɔi^{35}
宁德	tøyŋ^{42}	乇乇 no^{44}noʔ^{2}	tɔi^{35}
寿宁	呢乇侬 ni^{33}noʔ^{5}neŋʔ^{11}	呢乇 ni^{33}nɔʔ^{5}	底位穴 tu^{33}uoi^{55}ieʔ^{2}
周宁	tøyŋ^{44}	乜乇 mi^{44}nɔʔ^{5}	tɔi^{24}
福鼎	么侬 muo^{44}neŋ^{212}	乇乇 no^{55}no^{42}	底蜀地囝 tɛ^{42}si^{44}ti^{44}kiaŋ^{55}

我们可以看到，古田、福安、宁德、周宁、泉州郊县、厦门等地的“谁”读作合音词，古田、福安、宁德、周宁的“哪里”读作合音词，只有古田的“什么”读作合音词，其缓读形式与永泰、宁德、福鼎的“什么”相似，各地合音发展程度有差异。据上表还可以还原出古田方言“底侬”的合音过程：tie^{51}nøyŋ^{33} → tøyŋ^{33}，连读过程中为了保证意义依然明晰，保留能“勾勒”该词轮廓的上字声母和下字韵母，而上字韵母和下字声母脱落。

表 3　古田、福州、厦门三地部分数词合音词对比表

	古田	福州	厦门
二十 X	niek^{5}	niek^{7}	liap^{1}
四十 X	siek^{5}	siek^{7}	siap^{1}
五十 X	ŋu$^{24-33}$s－leik^{5}	ŋu$^{242-31}$s－leik^{5}	gɔp^{1}
七十 X	tsʻik$^{2-33}$－seik$^{5-45}$	tsʻik$^{2-33}$－seik$^{5-45}$	tsʻiap^{5}

在福建宁德漳湾话中，二 nei^{51} + 十 θɛp^{54}→廿 ni^{11} – lɛp^{33}→niɛp^{23}；三 θam^{334} + 十 θɛp^{54}→卅 θan^{33} – nɛp^{33}→θap^{23}。[14] 厦门话中，二十和二十 X、四十和四十 X 中原词和合音并存，而五/七十没有合音的说法，只在五/七十 X 里合音。古田话中，只有二十 X 和四十 X 有合音说法。

廿、卅和卌在古代汉语中就已存在，分别是二十、三十和四十的合音，虽然在普通话中已经基本不使用，但这几个数词在各方言中还或多或少地保留着。

表 4　闽东方言词“第一”对比表[12]

最（厉害）	福州	长乐	福清	永泰	古田
	第一 tɛ^{53}ɛiʔ^{23}	第一 tɛ^{53}ɛiʔ^{23}	第一 tɛ^{44}eʔ	第一 tɛ^{53}iʔ^{3}	第一 tɛ^{42}ik^{2}
	福安	宁德	寿宁	周宁	福鼎
	第一 tɛi^{42}	第一 tɛ^{44}ek^{2}	第一 tɛ^{33}iʔ^{5}	第一 tɛ^{44}et^{5}	第一 tɛ^{33}iʔ^{4}

上表是林寒声在 2000 年以前田野调查得来的资料，古田话发音人当时 50 岁，而现在古田话中在表达“最”“极”等含义时发为［teiʔ^{2}］，一般不用非合音形式，这表明语言并非静态，原来不是合音的表达在发展中也可能形成新的合音现象。

否定合音在邻近方言中也是成系统的，但在不同地区的凝固程度有所不同。福州话中的否定语素“伓”［iŋ］不能单说，在连读时，与后面音节的声母发生类化作用，读为“m、n 或 ŋ”，在缓读时又可以复读为“iŋ”。而古田话中的“伓”与后面音节结合紧密，不能复读。闽南地区使用“唔”［m^{6}］（也有人将之写作“伓”）来与其他词或词素合成多音合成词，可以独用，如：

汝卜唱歌唔？唔。[11]

唔通［$m^{6-5}ta\eta^{1}$］，也可以合音为［$ma\eta^{1}$］。

唔是［$m^{6-5}si^{6}$］表示“不是”。

唔八［$m^{6-5}pat^{7}$］表示“不认识”或“不曾”。[9]

	古田	福州	厦门
能合音	+	+	+
可缓读复音		+	+
否定词能单说			+

否定词“伓”与后面音节的结合程度由高到低依次为：古田话＞福州话＞闽南话。以古田、福州、厦门三地为例，古田话中该现象凝固程度是最高的，福州话次之，厦门话凝固程度最低。

根据邻近地区方言情况，还可以推拟合音的上下字。关于“𣍐”的合音上字和合音下字有多种说法。从字形入手，“𣍐”应由“勿”与“会”组成，意思也相关，但“勿”在闽方言中用同样表示“不，禁止”意义的“无”替代。陈泽平[3]指出福州话中的“会”是一个训读字，本字为“解”，“𣍐”是方言俗字，大概是否定词“未”与“解”的合音。厦门方言中“会”“𣍐”分别读作［e^{22}］［bue^{22}］，李如龙[9]认为“𣍐”应该是“唔解”的合音，且不可能还原，周长楫[8]则将“𣍐”标注为是“无会”的合音。

我们倾向于将“𣍐”［$m\varepsilon^{24}$］看成是“无”与“解”的合

音，在古田话中，“无”读作［mɔ^{55}］，“解”读作［ɛ^{24}］，“无解”快速连读近似于［mɛ^{24}］；而否定词“未”［muoi^{24}］与“解”［ɛ^{24}］快速连读发音近于［muɛ^{24}］；根据声母类化规律，“伓”与“解”的合音将会是［ŋɛ］。因此，“无解”的合音最符合“𣍐”的发音。从下表古田、厦门、漳州、建瓯、莆田等地“𣍐”“无”“伓/唔”的语音对应关系，也可得出相同结论。

表 5　“𣍐”“无”“伓/唔”语音对应关系表

	古田	厦门	漳州	建瓯	莆田
𣍐	mɛ	bue	be	mai	pe
无	mɔ	bo	bo	mau	po
伓/唔	ŋ	m	m	eiŋ	ŋ

2. **与传教士文献对比看变化时间**

古田话“牙齿”一词在两个音节间有短促的停顿，其合音化程度低于福州、福清等地。

表 6　闽东方言词“牙齿”对比表

	古田	福州	福清	永泰	连江
牙齿	ŋa^{33}i^{51}	ŋai^{31}	ŋai^{33}	ŋa^{33}i^{31}	ŋa^{21}i^{33}

据传教士 Maclay R. S. 和 Baldwin C. C.，[2] 19 世纪福州话中“牙齿”读为［ŋa^{33}tsʰi^{44}］，与上表相比，可以判断“牙齿”这一词是在 19 世纪之后才完成合音的。

“罔”在闽东方言和闽南方言中都有，在厦漳地区读［bɔŋ^{3}］，李春晓怀疑这是“无妨”的合音，[7] 因为“无”在闽南方言中为

“毛”［bo^{5}］。Walter Henry Medhurst（1831）记录漳浦县“无妨”的读音（原罗马字注音已转国际音标）为［buhɔŋ］,[13]其快速连读之后音近［bɔŋ］。陈泽平也认为福州话中的“罔”是“无妨”的合音。[4]传教士 R. S. Maclay 和 C. C. Baldwin 用琼斯音标标注“无妨”为$_{\subseteq}$u$_{\subseteq}$hwong,[2]转成国际音标为［u^{33}huoŋ^{33}］。“无”在“无妨”“无故”“无事”等词中发［u^{33}］的音，白读为［mɔ^{44}］。可以推测“无”与“妨”在使用中快速连读成一个音节，用唇部动作相近的唇音［m］作为声母。

综上，我们可以得出三个结论。

第一，存在相近地区在某些合音现象上发展得都比较成熟的现象。如古田、周宁、福安、宁德的疑问代词“谁”［tøyŋ］和“哪里”［tɔi］相对其他地区来说，已经完成了较为成熟的合音，凝固程度高。这可能是相邻地区之间交流频繁或认同传播的影响。

表 7　闽东方言部分合音词对比表

	谁	什么	哪里	牙齿	最	多少
福州	底侬 tie^{53}nøyŋ^{53}	甚乇 sieŋ^{53}nɔʔ^{23} 乜乇 mieʔ^{53}nɔʔ^{23}	底所 tie^{241}œ^{31}	ŋai^{31}	第一 tɛ^{53}ɛiʔ^{23}	若夥 nuo^{53}uai^{242}
长乐	底侬 tie^{44}løyŋ^{53}	甚乇 sie^{53}lɔʔ^{23}	底所 tie^{34}lœ^{21}	ŋai^{22}	第一 tɛ^{53}ɛiʔ^{23}	若夥 nuo^{53}uai^{343}
福清	底侬 ti^{44}nøŋ^{44}	乜　乇 mieʔ^{53}no^{21}	倒落 to^{21}lo^{53}	ŋai^{33} 喙齿 ts‘uoi^{44}k‘i^{32}	第一 tɛ^{44}eʔ	若夥 nieu^{35}uai^{42}

	谁	什么	哪里	牙齿	最	多少
永泰	底侬 ti^{44}nøyŋ^{453}	乇乇 no^{53}noʔ^{3}	底所 tie^{24}le^{31}	牙齿 ŋa^{33}i^{31}	第一 tɛ^{53}iʔ^{3}	若夥 nuo^{53}uai^{242}
古田	tøyŋ^{33}	noʔ^{5}	toi^{2}	牙齿 ŋa^{33}i^{51} 喙齿 ts‘y^{33}i^{53}	teiʔ^{2}	若夥 nuo^{21}uai^{24}
福安	tøyŋ^{42}	乜乇 mi^{55}nok^{5}	tɔi^{35}	喙齿 ts‘i^{55}i^{42}	第一 tɛi^{42}	若夥 ni^{55}o^{23}
宁德	tøyŋ^{42}	乇乇 no^{44}noʔ^{2}	tɔi^{35}	喙齿 ts‘y^{55}oŋ^{42}	第一 tɛ^{44}ek^{2}	若夥 nuo^{31}
寿宁	呢乇侬 ni^{33}noʔ^{5}neŋʔ^{11}	呢乇 ni^{33}nɔʔ^{5}	底位穴 tu^{33}uoi^{55}ieʔ^{2}	喙齿 ts‘y^{55}k‘i^{42}	第一 tɛ^{33}iʔ^{5}	若夥 nyø^{33}uai^{212}
周宁	tøyŋ^{44}	乜乇 mi^{44}nɔʔ^{5}	tɔi^{24}	喙齿 ts‘y^{44}k‘i^{42}	第一 tɛ^{44}et^{5}	若夥 nuo^{213}
福鼎	么侬 muo^{44}neŋ^{212}	乇乇 no^{55}no^{42}	底蜀地团 tɛ^{42}si^{44}ti^{44}kiaŋ^{55}	牙齿 ŋa^{21}k‘i^{55}	第一 tɛ^{33}iʔ^{4}	若夥 nu^{33}ua^{33}

第二，没有哪个地区在各种合音现象上都是处于最高凝固程度的，只是在某些现象里“暂时领先”。各地方言的发展是不均衡的，各方面的变化速率也不一样，城市方言发展较快，农村方言发展较慢——这个规律只是一般规律，却不是绝对规律，如表示“哪里”的词，古田、周宁等方言的合音发展速度就快于省会城市福州。我们不能因为古田话在否定合音现象上凝固程度高，就推断它也已经形成了其他的成熟合音词，如“牙齿”一词，古田方言中还未形成合音。但我们通过对比不同地区同一合音现象凝固程度的差别，可以推拟出这一现象的合音过程。以否

定合音为例，通过对比古田、福州、厦门三地的这一现象，我们就可以推拟出否定词是逐渐失去了单用的功能，并与后面的动词/形容词紧密结合，直至无法缓读复音。

第三，即便是在同一地区，某个合音现象在不同时期也会发生变化，如古田话中的“第一”，就经历了由［tɛ^{42} ik^{2}］向［teiʔ^{2}］[6]的变化；[12]又如漳州地区的“无妨”［buhɔŋ］在发展过程中合音成为“罔”［bɔŋ］，这一变音也就发生在19世纪初叶到现在的这段时期内。

3. **合音词与原词的并用情况**

口语交际和朗读文本时一般都合音的有：“伓”+动词/形容词、廿、卌、者行、者由、怎地、罔、絵、最（第一）。

其中，否定副词“伓”+动词/形容词，一般都是生活中的常用词，只有白读且读作合音，如伓是 ni^{55}、伓使 nai^{42}、伓走 ŋiaŋ^{544}、伓食 nieʔ^{5}。但有的存在文读且不读合音，如“不怕失败”中的“不怕”只能读成 puʔ^{21}p‘a。[15]

口语交际中合音，朗读文本时一般不合音的有：自家、做乇。

口语交际中合音与原词并存的有：诸娘囝、伩囝、者款。

以上三类合音词的凝固程度由高到低。我们可以发现，个别合音词如“絵”，人们为之创造了表义新字，字形就反映了字义，这是一类较为成熟、被广泛认可和使用的合音词，普遍存于各方言区，如北方官话“甭”和“嫑”、吴方言“勠”。此外，还有一类合音词人们也为之造了相应的汉字或使用同音训读字，如北方方言中的“啥”、闽方言中的“罔”。方言合音词中的大部分是没有相应汉字的，多使用原词的同音训读字，如“底侬”“自家”等。这类合音词的凝固程度不如前二者。因此，在一般情况下，从有无相应文字也可以判断合音现象的凝固程度，大体上是这样的一个发展过程：合音现象→无字的合音词→有字的合音词。但我们也注意到一些特例，如“伓”＋动词/形容词，这是闽方言中一类常见且成系统的合音现象，凝固程度高，但数量大，为之创造一一对应的汉字就太不经济了，因此不可能为其对应汉字。

五、结论

由此可见，合音词的形成是人类语言经济原则和表义明确性相互作用的结果，且是一个逐渐发展的过程，从邻近地区同一个词不同的合音程度可以推拟出该合音词形成的过程。通过考察古田话及其他方言中的合音词，可以发现否定用词、疑问用词、指代用词、数（量）词最为常见。

表 8　方言主要合音现象分类表

词汇性合音	否定用词	不应 puʔ^{31} iŋ^{31} > piŋ^{31}（新乡）、甭 pʻ ɚ < pəʔ^{3} yɚ̃^{313}（大同）、嫑 piau^{213} < pu^{21} iau^{213}（成都）、没得 mɛ^{5511} < mei^{55} tɛ^{21}（重庆）、艙 ve^{23}（上海）、朆 fiæ^{412}（苏州）、嫑 nau^{31}、尜 mei^{35}（宁都）、嫒 mai^{31}（潮阳）、未曾 miɐŋ^{21} < mei^{22} tʃʻɐŋ^{21}（粤方言）、冇（登封、粤方言、客家方言）
	疑问用词	什么 ʂən^{41}mə > ʂa^{51}（宜阳）、什么 ʂə < ʂʅməʔ（新绛）、做啥子 tsua^{213} tsɿ$^{53/42}$ < tsu^{213} sa^{213} tsɿ$^{53/42}$（成都）、咋 tsa^{35} < tsẽ^{35}ma（徐州）、底侬 tøyŋ^{35} < tie^{42} nøyŋ^{33}（古田）、乜嘢 mɛ^{523} < mɐt^{55} jɛ^{13}（广东）
	指代用词	你们 ni^{33} mən^{21} > nən^{33}（新乡）、你们꜀ȵiE < ꜂ȵi꜀tɕiɑ（平遥）、这个 tsɛ꜄ < tsəʔ꜄ kə（武乡）、这儿 tʂer^{55} < tse^{13} er^{21}（彭州）、伢（我们）ŋa^{113} < ŋo^{113} la^{11}（萧山）、告（这样）kɔ^{44} < ɐʔ$^{55-44}$ mɔ$^{213-44}$（宁波）、个腌（那么）kan^{3}（客家方言）、自家 tsia^{55} < tsi^{33} ia^{55}（古田）
	趋向用词	出来 tsʻuʔ^{23} lai^{31} > tsʻuæ^{24}（北方方言）、来去 lai^{24} < lai$^{24-22}$ kʻi$^{21-53}$（厦门）
	数(量)词	一个 iʔ^{24}kɣʔ > yɔ^{24}（新乡）、一下 xA^{213} < i^{213} ɕiA^{213}（西南官话）、廿（二十）ɦȵie^{424}（宁波）、二十 liap^{1}（厦门）、二十 ja^{22} < ji^{22} sap^{22}（粤方言）
	方位用词	底下 tia^{31}（登封）、里头 liəu^{31}（登封）、底下 ti^{31} ɕiA^{31} < tiA^{31}（凤庆）
	零散词汇	弟兄 ti^{21} ɕioŋ > tiəŋ^{21}、台上 tʻair^{31} sɑŋ^{21} > tʻyɔŋ^{31}（新乡）、飞雀儿 ɕyər꜆ < ꜀ɕitɕʻyAʔ꜆ ər（晋城）、今天 tɕian^{55} < tɕin^{55} tʻian^{55}（彭州）、牙齿 ŋai^{3}（福州）、𨳿 siaŋ^{24} < sio$^{44-22}$ taŋ^{24}（厦门）

语法性合音	否定副词+中心词	伓+动词(福州、古田)、唔+动词(厦门、广州、客家方言)
	D化变音	X家(河南)、-了、-着、-的(河南、山东)
	Z化变音	"子变韵"(河南、山西、江西石城高田、福建大田广平、山东博山)
	儿化	-儿(凤庆、昆明、大理)

表9　各方言合音现象表

		北方方言	吴方言	闽方言	粤方言	客家方言
词汇性合音	否定用词	+	+	+	+	+
	疑问用词	+	+	+	+	
	指代用词	+	+	+		+
	趋向用词	+		+		
	数（量）用词	+	+	+	+	
	方位用词	+				
	零散词汇	+	+	+		
语法性合音	否定副词+中心词			+	+	+
	D化变音	+				
	Z化变音	+				+
	儿化	+	+			

注：未标明区域只表示笔者目前未找到讨论该类合音的文献；湘、赣方言缺乏合音词研究，故不在表中体现。

合音现象普遍存在于各方言中，虽然在各种方言中的总数量有限，但它有重要的使用价值和研究价值，是研究变音的一个切入点。通过对比研究，我们发现各大方言区的合音类型也是相近的，因此古田话合音词的研究对其他地区的方言合音词研究也就具有了参考和对比意义。

参考文献：

[1]［美］齐夫（Zipf，G. K.）著，薛朝凤译. 最省力原则：人类行为生态学导论［M］. 上海：上海人民出版社，2016.

[2] Maclay R. S.，Baldwin C. C. An alphabetic dictionary of the Chinese language in the Foochow dialect［M］. Foochow：Methodist Episcopal Mission Press，1870.

[3] 陈卫恒. 音节与意义暨音系与词汇化、语法化、主观化的关联：豫北方言变音的理论研究［M］. 北京：北京语言大学出版社，2011.

[4] 陈泽平. 19 世纪以来的福州方言［M］. 福州：福建人民出版社，2010.

[5] 冯雷利. 现代汉语方言的合音现象［J］. 宜春学院学报，2007(S1)：145—146＋203.

[6] 李滨. 闽东古田方言研究［M］. 厦门：厦门大学出版社，2014.

[7] 李春晓. 海峡两岸闽南方言合音词研究［J］. 中国方言学报，2011(1).

[8] 李荣主编，周长楫编纂. 厦门方言词典［M］. 南京：江苏教育出版社，1993.

[9] 李如龙. 闽南方言语法研究［M］. 福州：福建人民出版社，2007.

[10] 李小军. 汉语语法化演变中的音变模式——附论音义互动关系［J］. 语言学论丛，2015(1).

［11］廖新玲. 闽南话否定词研究［D］. 厦门大学, 2001.

［12］林寒生. 闽东方言词汇语法研究［M］. 昆明：云南大学出版社, 2002.

［13］马重奇. 海峡西岸闽南方言与文化研究［M］. 北京：中国社会科学出版社, 2016.

［14］阮彬烨. 福建宁德漳湾话语音研究［D］. 福建师范大学, 2016.

［15］杨碧珠. 古田方言否定词语合音现象初探［J］. 福建论坛（人文社会科学版）, 1999(6)：95—96.

［16］杨剑桥. 实用古汉语知识宝典［M］. 上海：复旦大学出版社, 2003.

［17］张玉霞，于思湘. 浅谈汉语“合音词”［J］. 淄博学院学报（社会科学版）, 2001(4)：57—59.

［18］周辉. 浅谈汉语合音词的成因［J］. 现代语文：语言研究版, 2008(2)：25—26.

Study on The Synizesis of Syllables in Gutian Dialect

Lin Han, Zhang Weijia

(Beijing Normal University, Beijing 100875, China)

Abstract: Synizesis is a special and important phenomenon of phonetic change where syllable recombination regularly. This phenomenon is common in dialects. There are both lexical synizesis and grammatical synizesis in Gutian dialect. The reason of synizesis in Gutian dialect can be explained from the perspective of the economic principles of language and the characteristics of syllables. By comparing with the adjacent dialect and missionary literature, the synizesis process of the syllables can be preliminarily clarified. The types of synizesis are similar in dialects, so the study of synizesis in Gutian dialect has reference and comparative significance to the studies in other dialects.

Key words: synizesis of syllables; synizesis words; Gutian Dialect; degree of stability

印度尼西亚留学生汉语声调习得研究

熊 巧①

摘 要 本文对印度尼西亚留学生汉语习得的语音材料进行统计综合，运用实验语音学的方法，对其习得的汉语声调进行了声学分析。运用石锋的声调格局理论，做出印度尼西亚留学生的声调格局图，将其与北京话声调格局图进行对比，从调域、调型、调值、调长几个方面证明印尼留学生的习得汉语声调的主要偏误是：阴平偏低，阳平与上声混淆。

关键词 印尼留学生 汉语习得 语音实验 声调格局

---

① 作者简介：熊巧（1992—），四川师范大学文学院国际汉语教育专业研究生。

引　言

对于把汉语普通话作为第二语言学习的留学生，尤其是母语为非声调语言的留学生，汉语的声调习得是难点。印度尼西亚（后文称“印尼”）语是典型的非声调语言，对印尼留学生的声调习得情况如何判断？“现代语音学的研究基本上离不开实验的手段。”[5]23 基于此，本文通过实验语音学的方法来说明印尼学生习得声调的偏误所在，为教学提供建议。

一、理论基础及实验过程

（一）声调格局理论

语音格局主要包括元音格局、声调格局和辅音格局等。声调格局理论是语音格局理论下面的一个分支。所谓声调格局，就是一种语言（或方言）中“全部单字调所构成的格局”[7]96。汉语普通话里有四个声调，分别是：阴平、阳平、上声和去声。这四个声调所形成的声调格局，前辈学者已多有研究，相关文献也很多，主要有石锋[6]（2006）、贝先明[1]（2012）等。本文将主要参考石锋发表于《中国语文》的《北京话单字音声调的统计分析》[6]一文中的研究方法和研究成果，并且将其与印尼留学生的声调格局进行对比，具体说明印尼学生的偏误所在。

（二）例字的选取

本文选用的是声母为塞音（即 p、ph、t、th、k、kh）的例字，每个字的韵母均为单韵母（本文选用的韵母为：a、o、i、 ɤ)。每个声调选取 6 个例字样本，一共是 24 个样本。本文用 1、2、3、4 分别表示阴阳上去四个声调。具体的选字和音标如下表：

表 1　声调例字表

调类	阴平		阳平		上声		去声	
例字及国际音标	例字	国际音标	例字	国际音标	例字	国际音标	例字	国际音标
	巴	pal	拔	pa2	把	pa3	爸	pa4
	坡	phol	婆	pho2	叵	pho3	迫	pho4
	搭	tal	答	ta2	打	ta3	大	ta4
	踢	thil	提	thi2	体	thi3	替	thi4
	歌	kɤl	格	kɤ2	葛	kɤ3	个	kɤ4
	颗	khɤl	壳	khɤ2	渴	kh3	克	khɤ4

（三）发音人的选取

本文所选取的发音人来自印尼，在四川师范大学汉语国际教育学院学习，女，24 岁，研究生二年级，在目的语环境中已生活了两年，已经通过了 HSK6 级考试。该生在该国汉语习得者的高级阶段中具有代表性，研究她的声调习得情况，可了解到该国留学生习得汉语声调的普遍情况。

（四）实验过程

1. 录音环境及器材

我们选择的录音环境是静音条件较好的语音实验室，使用的录音软件是 praat4.0 版。此外，我们还使用了录音声卡（Avid Mbox mini）、录音话筒（Beyerdynamic TG H55C）和笔记本电脑。

2. 作图及分析

在后期分析过程中，我们使用了贝先明的汉化版 praat 来测量基频值，将所测量得到的 9 个基频值放入到 Excel 表格中，然后用石锋的 T 值公式将基频值换算 T 值，最后我们使用 Excel 的画图功能，做出声调格局图。大致步骤是：第一，每个声调选取 6 个例字，每个例字的基频值取 9 个点，再分别求出该 6 个例字 9 个点的基频值的平均值。第二，用石锋所提出的 T 值公式，将所获得平均基频值换算成相对应的 T 值。第三，用所获得的 T 值制作出相应的图形来，就是该声调的声调格局图。得到声调格局图以后，我们再将该声调格局和石锋的声调格局图进行对比，具体说明每个声调的异同，找到其习得声调的偏误。

二、实验数据及声调格局图

（一）基频值的“归一化”

“归一化的主要目的就是消除人际的随机差异，提取恒定参数，即过滤掉个人特性，获得具有语言学意义的信息。”[8]3 本文采用基频的“归一法”是石锋提出来的 T 值法。T 值法的优点在于：“计算简单，可比性强，能很大程度上获得声调之间相对关系的共性特征，便于不同语言或方言及不同发音人的语音比较，也方便进行统计分析。”[2]75 T 值公式为：

$$T = \frac{\lg x - \lg b}{\lg a - \lg b} \times 5$$

“其中，a 为调域的上限频率，b 为调域的下限频率，x 为测量点频率。”[7]34 由此公式，我们可以对测量者的调域进行“归一化”。某个人的调域应该由所测量的基频数据中的最大基频和最小基频来确定。即最大基频值所对应的 T 值是 5，最小基频值所对应的 T 值是 0，然后将这个调域五等分，就可以得到一个归一化后的某人调域范围。所以，T 值与五度值有着一种对应关系，即 0 到 1 为 1 度，1 到 2 为 2 度，2 到 3 为 3 度，3 到 4 为 4 度，4 到 5 为 5 度。用表格表示如下：

表 2　T 值与五度值的对应关系

T 值	0≤x<1	1≤x<2	2≤x<3	3≤x<4	4≤x<5
五度值	1 度	2 度	3 度	4 度	5 度

（二）声调格局主体分布分析

根据所搜集的印尼留学生的语音样本，我们分别制作出了印尼学生的阴平、阳平、上声和去声四个声调格局图。图中每个声调的声学空间都由 3 条曲线构成。其中，中间那条曲线是该声调的基频均值所对应的 T 值形成的，上下两条曲线则是 T 值分别加减该点的标准差得到。因为，“声调格局中，每一声调所占据的不是一条线，而是一条带状的声学空间，因此通常所作的声调曲线不应只看成是一条线，而应该作为一条带状包络的中线或主线。”[7]104 我们分别对比分析了印尼学生的阴平、阳平、上声和去声四个声调和北京话的声调的差异所在（因为普通话是“以北京语音为标准语音”[3]3 的，所以本文认定石锋的北京话的声调格局图就是汉语普通话的声调格局图）。

1. 阴平调的格局对比分析

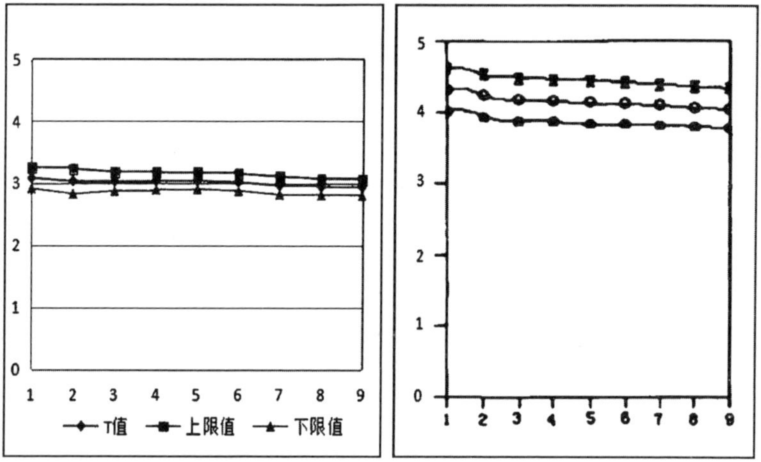

印尼留学生阴平主体分布图　　北京话阴平调的主体分布图

图 1　印尼留学生的阴平分布与北京话的阴平分布的对比

阴平调是高平调。印尼学生的阴平调位于调域中上部，T 值线位于 3 度和 4 度的交界限，调值可记作［33］或者［44］。北京话阴平调主体分布图中只有下限值靠近 4 度，T 值和上限值均位于 5 度内，因此调值可记作［55］。说明印尼学生习得的阴平调不够高，偏低约 1 度，但仍是一个平调，通常情况下并不容易与其他四个声调发生混淆，仍具有较高区别性。

2. 阳平调的格局对比分析

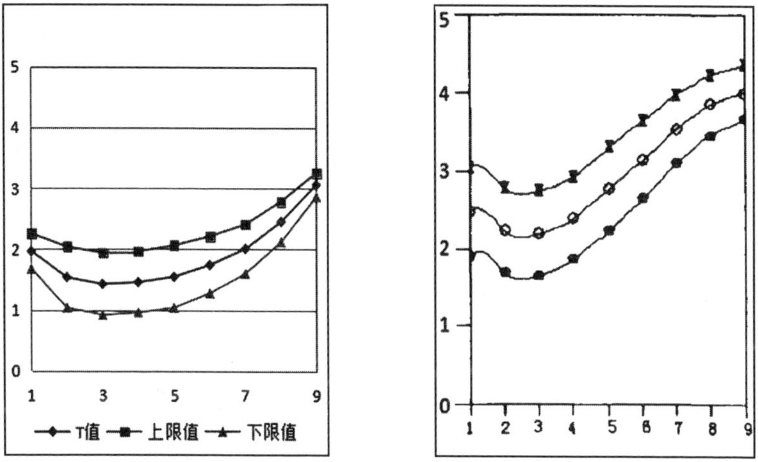

印尼留学生阳平主体分布图　　北京话阳平调的主体分布图

图 2　印尼留学生的阳平分布与北京话的阳平分布的对比

阳平调是从调域中部升到调域中上部的中升调。从北京话的阳平调主体分布图中可以看到，有小“凹”出现在离起点不远的位置，而后从第四个点开始，调值迅速升高。在印尼学生的阳平调中，并不存在明显的“小凹”，整个声调曲线呈现出下凹同时上升的形状。从起点位置看，三条线的起点较为集中在 2 度与 3 度的交界线上，北京话的起点主要分布在 3 度内。从终点位置上看，印尼学生阳平调集中在 3 度和 4 度的交界线上，因而调值可以记作［223］或者［224］。在北京话的阳平格局图里，终点大都在 4 度内，可记作［334］或者［335］。总体来讲，印尼学生的阳平偏低约 1 度，且上升较为平缓。

3. 上声调的格局对比分析

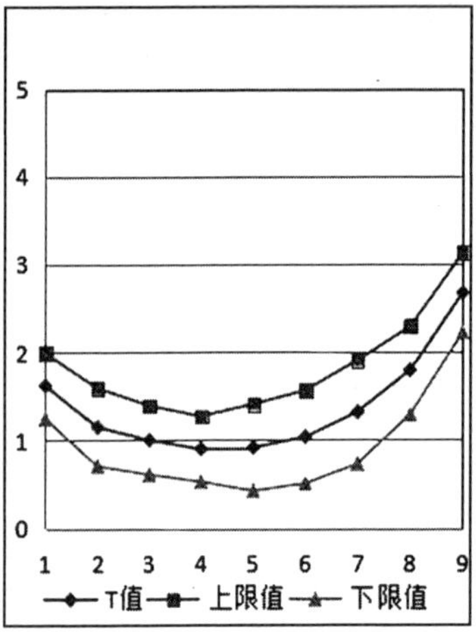

印尼留学生上声主体分布图

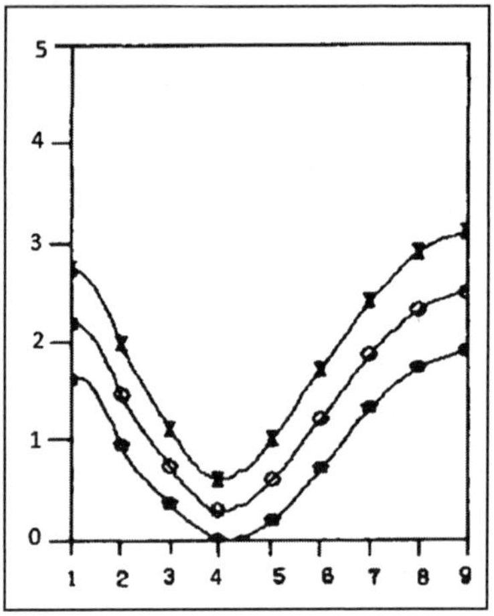

北京话上声调的主体分布图

图 3　印尼留学生的上声分布与北京话的上声分布的对比

上声是主要位于调域下半部分的曲折调，是一个既“低”又“凹”的调。印尼学生的“凹”调明显不如北京话的“凹”调那样明显处于调域 1 度的底部，而是主要位于 1 度顶端或者 2 度之内，并不存在如北京话一样的明显折点，说明印尼留学生的习得曲折调不具有曲折调最明显的“凹”的声学特征，因而形成了一个跟阳平调极为类似的调型。从起点位置上看，印尼学生的曲折调起点全部位于 2 度值内，北京话曲折调的起点主要位于 3 度以内。从终点的位置上看，印尼学生和北京话的位置比较一致，主要位于 3 度以内。根据实验数据，印尼学生的声调值可记为［223］，北京话的调值应该记为［213］或者［314］。总体而言，印尼留学生的上声调习得迁移了阳平调的习得经验，使其习得的上声调近似于其习得的阳平调。

我们将阳平调和上声调放在同一张图里观察：

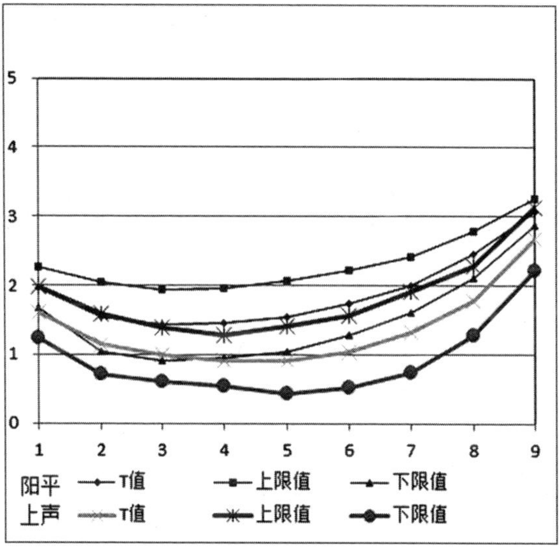

印尼留学生的阳平和上声比较图

图 4　印尼留学生阳平和上声主体分布对比

从上图可以看出，留学生所发的阳平和上声几乎混淆在一起。这说明留学生并不能清楚地区分阳平和上声。这必然会影响到他们日常生活中的交流，甚至可能产生误会。上声调和阳平调最重要区别在于上声的折点处要下“凹”至 1 度底部，印尼留学生不能“凹”下去，因而不能和阳平调作有效区分。

4. 去声调的格局对比分析

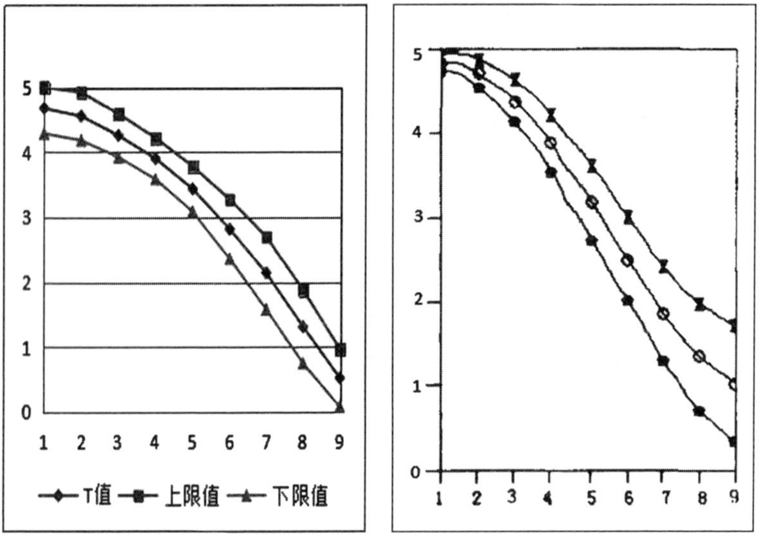

印尼留学生去声主体分布图　　北京话去声调的主体分布图

图 5　印尼留学生的去声分布与北京话的去声分布的对比

去声是一个高降调，从 5 度降到 1 度，是调域跨调最大的一个声调，是一个既“高”又“凸”的声调。去声的“凸”主要体现在起点位置后面一点，整个声调图形呈现“拱”型。从起点和终点的位置上看，他们位于 5 度和 1 度内，调值可记为[51]。这说明印尼学生习得的去声调符合高降调的声学特征，是习得成功的一个声调。

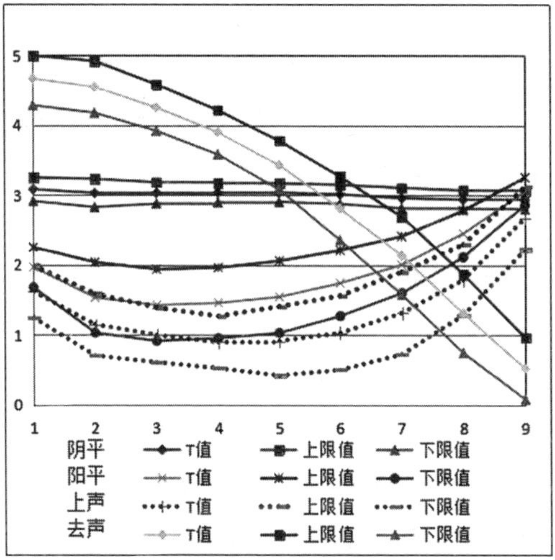

印尼留学生的声调格局总体分布图

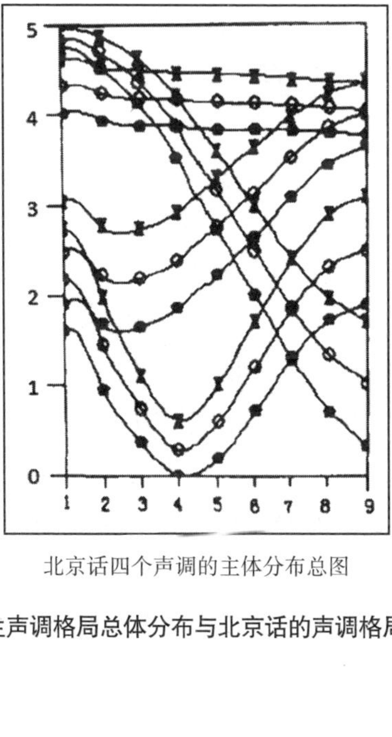

北京话四个声调的主体分布总图

图6　印尼留学生声调格局总体分布与北京话的声调格局总体分布的对比

为了整体把握印尼留学生汉语声调的习得情况和偏误所在，我们把印尼留学生的习得的汉语声调放在一张图里，并将之与北京话的四声调分布图进行比较。从声调总体分布图来看，印尼留学生存在的主要偏误问题有：第一，阴平偏低。相较于北京话的阴平调而言，印尼学生的阴平大概低了1度。这虽然不会引起和其他声调的混淆，但也反映出留学生的阴平调习得存在一定的偏误，有待于进一步提高。第二，阳平和上声混淆。如前所述，印尼留学生未能有效区分这两个调，这会直接影响到日常的交际。如果不及时改正，会使学生产生无法改变的“语音化石”。根据塞林克的中介语理论，“语言中的某一部分可能会停滞不前，产生‘僵化’或‘化石化’（fossilization）的现象，特别表现在语音方面。”[4]170

（三）声调极限值分布及动态段、特征段分析

按照石锋所提出的极限分析理论，我们用印尼留学生的语音样本做了阴阳上去四个声调的极值分布图。其理论是，“选择每个声调中每个测量点的极值——最大值和最小值”，[6]37 就能得到两组该声调的极值基频数据——最大基频值数据组和最小基频值数据组。然后用T值法换算成五度值，做成声调极值分布图，这样，我们就得到图7。我们再把图6叠加在图7上面就能得到含有极限值的声调分布图，即图8。在图8中，我们用max代表极大值所画的声调曲线；用min代表极小值所画声调的曲线；用T值代表平均值所画的声调曲线；用上限值代表平均值加标准差的所画的声调曲线；用下限值代表平均值减标准差所画声调的曲线。为了看得更清楚，我们把四声调的极限分布情况剥离开来，得到图9、图10、图11、图12。

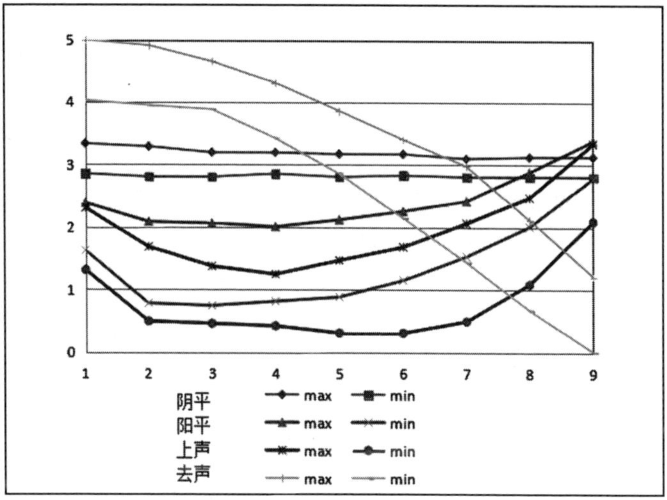

图 7　印尼学生的声调的极值分布图

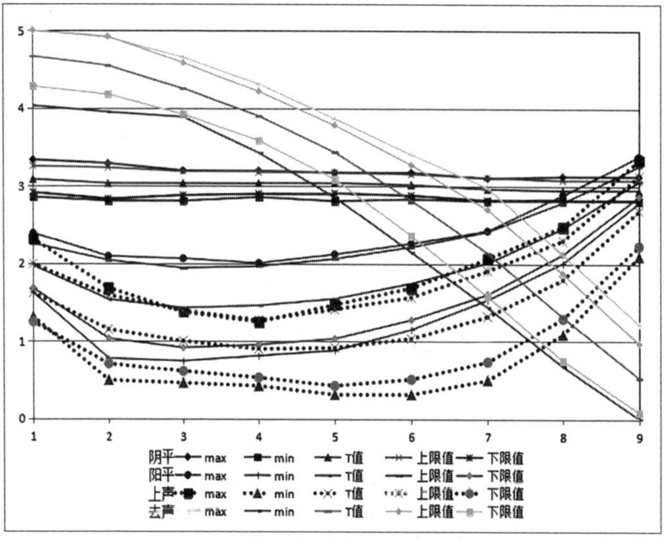

图 8　印尼学生的四声调极限分布图

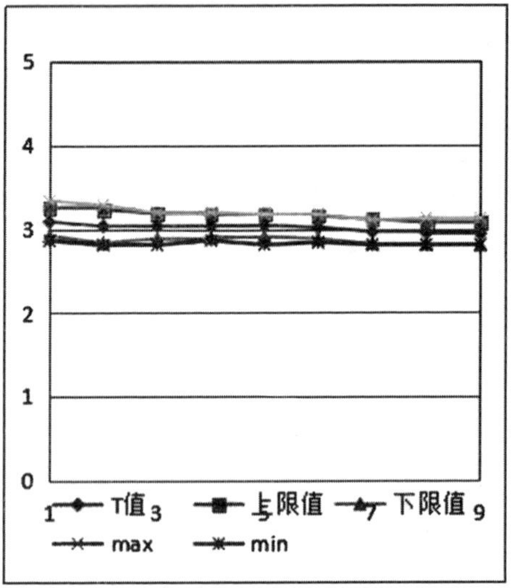

图 9　阴平极限分布图

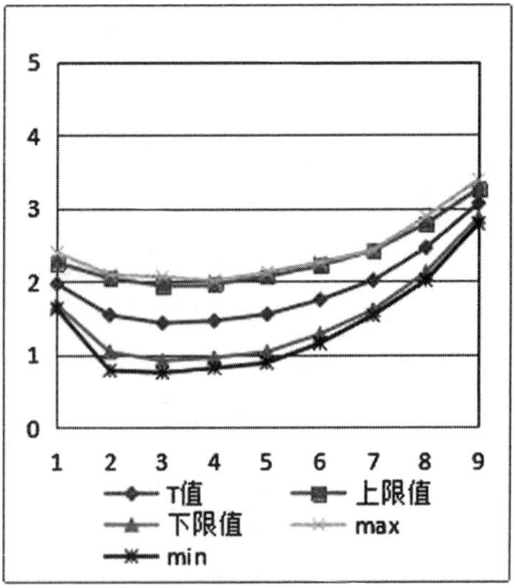

图 10　阳平极限分布图

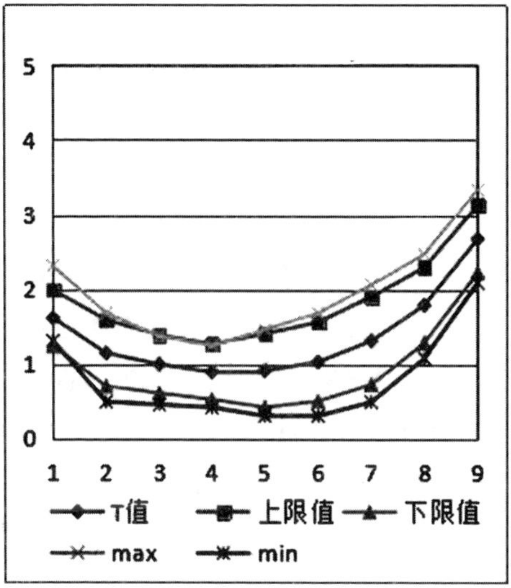

图 11 上声极限分布图

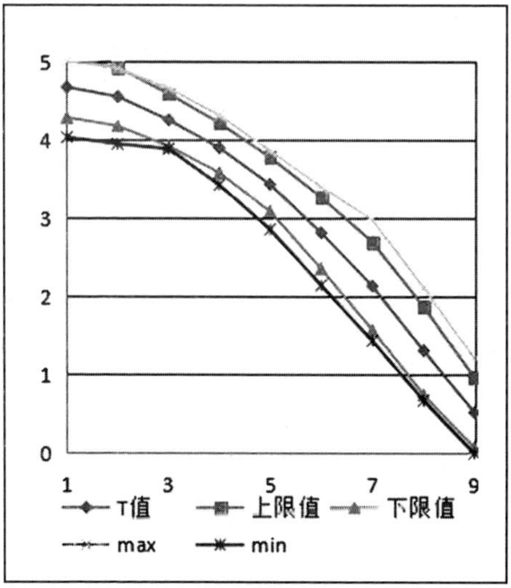

图 12 去声极限分布图

阴平调的起点最大值为 3. 33，最小值为 2. 86。终点的最大值为 3. 12，最小值为 2. 81。阴平的声学空间在 3 度上部和 4 度下部。max 调值可记为［44］，min 的调值可记为［33］。

阳平调的起点最大值为 2. 39，最小值为 1. 62。终点最大值为 3. 38，最小值为 2. 78。max 的调值可记为［334］，min 的调值可记为［213］。

上声调的起点最大值为 2. 31，最小值为 1. 31。中间无明显折点。终点最大值为 3. 33，最小值 2. 09。max 的调值可记为［324］，min 的调值可记为［213］。

去声调的起点最大值为 5，最小值为 4. 03。终点的最大值为 1. 21，最小值为 0。Max 的调值可记为［52］，min 的调值可记为［51］。

画极值分布图的目的在于要确定每一个声调的声学范围，分析其声调的稳态段和动态段。所谓“稳态段”是指发音稳定的地方，更多地承载着声调的调位信息，是特征段。“动态段”是发音不太稳定的地方，承载着较少的调位信息。其具体方法是比较每条声调的每个点的离散程度。这里需要用到的一个概念是“离散系数（coefficient of variation，简写为“c. v”，也叫标准差率），离散系数越大，数据离散程度越大；离散系数越小，数据离散程度就越小”，[1]133 其公式为：“离散系数等于标准差除以平均值，c. v = $S/\bar{x}$。”[1]133

根据公式，我们分别求得了阴阳上去四声调的离散系数。

表 3　印尼学生各调类测量点的基频数据离散系数表

离散系数	dot1	dot2	dot3	dot4	dot5	dot6	dot7	dot8	dot9
阴平	0.05	0.07	0.05	0.05	0.04	0.05	0.05	0.04	0.04
阳平	0.15	0.33	0.36	0.35	0.33	0.27	0.20	0.14	0.06
上声	0.23	0.39	0.39	0.41	0.54	0.51	0.45	0.28	0.17
去声	0.08	0.08	0.08	0.08	0.10	0.16	0.26	0.43	0.85

根据离散数据表和图 7—图 12 的声调格局图，我们做了如下的分析：

阴平调：从表中我们可以直观地看出，除了第二点略有波动外，其余 8 个点的离散系数不仅比较稳定，而且数值较小。从图 9 也可以看出，阴平调的 5 条线，相对来说，比较密集。这说明阴平调整条曲线都是稳态段，没有动态段，符合平调的“平”的特征，发音稳定。

阳平调：从离散数据表中，可以看出：除了调尾，整条曲线的离散系数都很大，几乎整条线都属于动态段。这就意味着印尼留学生的阳平调的发音不够稳定，所承载的声调信息不足，存在较大偏误。

上声调：从离散数据表中，可以看出：上声调的离散数据变化比阳平调更大，全段也都属于动态段。从图 11 来看，整个上声调都是波动很大的，且与图 10 的阳平调极为相似。这说明留学生上声的习得最难以掌握，发上声字时很不稳定。在图 8 里，阳平调和上声调的声调曲线图几乎是难以分清的。这进一步说明，印尼留学生的阳平调和上声调是含混不清的，印证了之前的分析。

去声调：从离散数据表中，可以看出：去声的离散数据相对较小，尤其是在开始和中间阶段。这说明留学生的去声调的稳态段在调头和调干，动态段位于声调的调尾。北京话去声调的动态段也位于调尾，说明该留学生去声调习得是成功的。

综上观之，我们发现印尼学生的阴平调不够高，但却十分稳定，并且能够与其他声调作有效区分，不与其他声调产生混淆；阳平、上声含混不清，难以辨别，是印尼学生汉语普通话声调习得的最大问题所在；去声的变化较为合乎规律，是一个习得成功的例子。

三、声调时长的“归一化”分析

为了使不同人的声调时长具有语言学意义和可比性，我们必须对不同的人的声调时长进行“归一化”，即换算成为“相对时长”。本文将印尼学生的四个声调的时长的与贝先明考察的普通话的声调时长进行对比。本文采用的“归一法”方法是：首先按照阴阳上去的顺序记录每个字的绝对时长，然后求出每个声调的绝对时长的平均时长，继而“选取声调音长离散数最小的调类作为参考量，将其音长设定为1，其他调类的音长分别通过与其比较而得到”。[1]134根据离散系数表，我们确定阴平为1，其他调长的相对时长可以用公式表示为：

$$\frac{1}{\text{阴平的平均时长}}=\frac{x}{\text{该声调的平均时长}}$$

其中，1 代表阴平的相对时长，x 代表需要求的声调的相对时长。

表 4　印尼学生的绝对时长和平均时长表

	绝对时长						平均时长
阴平	pa1	pho1	da1	thi1	kɤ1	khɤ1	0.45
	0.49	0.40	0.47	0.50	0.46	0.41	
阳平	pa1	pho2	da2	thi2	kɤ2	khɤ2	0.41
	0.39	0.41	0.44	0.38	0.44	0.41	
上声	pa3	pho3	da3	thi3	kɤ3	khɤ3	0.51
	0.55	0.40	0.53	0.50	0.59	0.52	
去声	pa4	pho4	da4	thi4	kɤ4	khɤ4	0.17
	0.18	0.15	0.18	0.18	0.15	0.16	

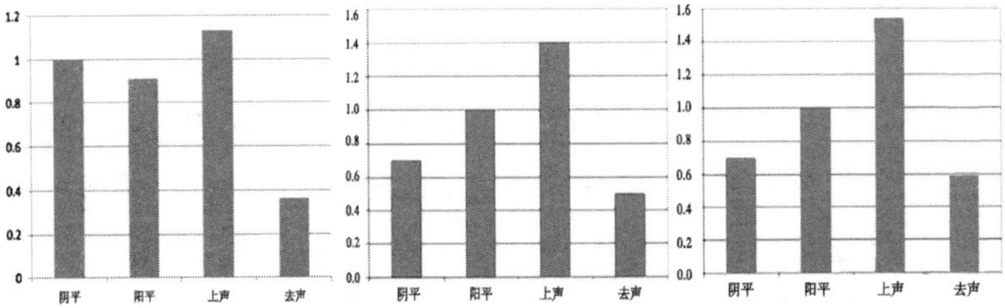

图 13　印尼和中国学生普通话相对时长图[1]134

从贝先明所得出的两幅柱状图可以看出，无论是男性还是女性，其语音时长的长短顺序为：上声 > 阳平 > 阴平 > 去声；而印尼留学生的语音长短顺序为：上声 > 阴平 > 阳平 > 去声。这说明该印尼留学生的声调时长存在偏误。我们从柱状图可以明显看出，去声调的时长是最符合规律的，而阴平调时长偏长，阳平调和上声调的时长偏短。其中，上声调时长偏短的原因是上声折点处不够低，因而在折点处所花的时间也少，造成上声的相对时长较短。尽管如此，上声调在四声调的时长上所花的时间依然是最长的。这说明印尼留学生知道上声的发音时间会相对更长，但误以为区分阳平和上声的方式就是把上声的时长延长。也就是说，印尼学生通过把上声不能低下去的折点换用延长发音时间的方法，以期达到与阳平的区分的目的。但上声的调长在四声调中是本来就是最长的，故而印尼学生只是习得了上声的调长，却没能降低上声的基频至调域的底部，也没能习得曲折调“曲折”的声学特点。因而印尼学生的上声调几乎只是延长了阳平调的时间，造成了阳上相混的习得偏误。

四、结　语

本文对印尼学生习得的汉语普通话的四个声调进行了声学分析，运用主体分布分析、稳态段和动态段分析、极限分布分析、时长归一化分析等研究方法，研究了印尼学生习得汉语普通话的偏误。结论是：阴平调：调值偏低，印尼学生的阴平调调值为［33］或者［44］，且整段都呈稳态段，没有动态段，是发音最稳定的声调。阳平调：调值为［223］或者［224］，除调尾外，几乎整个声调都是动态段，发音不稳定，变化大。上声调：调值为［213］或者［223］，且是四个声调中发音最不稳定的，全段都属于动态段，说明习得无把握。阳平调和上声调存在明显的习得偏误，形成了明显的“阳平上声互混”现象。其原因是印尼学生没能有效把握上声调的“曲折”特点，只是单纯延长了发音时长。去声调：调值为［51］，整个声调发音较为稳定，变化小，除调尾外，全段属于稳态段。

根据一些教师的教学经验，大多数外国留学生，特别是无声调语言国家的留学生也有类似的问题，普通话上声的习得需要老师强调上声调折点的低调值音高，辅以语图分析，让学生多练习，找到准确的上声的发音方法。

参考文献：

［1］贝先明. 普通话的声调格局和元音格局［J］. 武陵学刊，2012（4）：131—136.

［2］贝先明，向柠. 实验语音学的基本原理与praat软件操作［M］. 湖南师范大学出版社，2016.

［3］黄伯荣，廖序东. 现代汉语［M］. 北京：高等教育出版社，第五版.

［4］刘旬. 对外汉语教育学引论［M］. 北京语言大学出版社，2007.

［5］石锋，时秀娟. 语音样品的选取和实验数据的分析［J］. 语言科学，2007，6（2）：23—33.

［6］石锋，王萍. 北京话单字音声调的统计分析［J］. 中国语文，2006（1）：33—40 +90.

［7］石锋. 语音格局：语音学与音系学的交汇点［M］. 商务印书馆，2008.

［8］朱晓农. 基频归一化——如何处理声调的随机差异？［J］. 语言科学，2004，3（2）：3—19.

Tone Pattern of Indonesian Students in Chinese Acquisition

Xiong Qiao

(Sichuan normal university, Chengdu 610066, China)

Abstract: Through the statistical synthesis of the phonetic materials acquired by Indonesian students in Chinese, this paper makes an acoustic analysis of their acquired Chinese tones by means of experimental phonetics. Using Shi Feng's tone pattern theory, this paper makes a tone pattern map of Indonesian students and compares it with the tone pattern map of Beijing dialect. It proves that the main errors in Indonesian students' acquisition of Chinese tones are: the yin ping is lower than the normal tone, and the yang ping is confused with shang sheng

Key words: speech experiment; tone pattern; Indonesian students; error analysis

“NP_1 + 来了 + NP_2” 构式解析①

田诗琪②

摘　要　本文采用 *CCL* 语料库搜集语料，通过筛选与对比，分析出“*NP*1 + 来了 + *NP*2”（如“王冕死了父亲”）类句式中存在一种具有“获得义”的构式；并简要分析其存在的原因、论元结构及名动词的入列条件；最后简要分析这类句式产生的过程。

关键词　获得义　构式　论元结构　入列条件　语法化

---

①　本文受北京师范大学 2017 年自主科研基金项目“北京口传语言文化资源数据库建设与研究”的经费支持。

②　作者简介：田诗琪，北京师范大学硕士研究生，师从张维佳教授，研究领域：汉语语音史与方言学。

0. 绪论

0.1 研究缘起

沈家煊曾详细讨论了“王冕死了父亲”这类句式的生成方式，[1]认为生成句法所提出的种种“移位”处理未能达到理论内部的自洽性，原因在于没有抓住并重视“王冕死了父亲”这类特殊句式在语义上的独特之处——该类句式可作为一个构式，表达一种“丧失义”。沈家煊认为，“死了父亲”是“王冕”遭受的损失，因此这一句式不能与“王冕的父亲死了”及“王冕，父亲死了”这类单纯描述事实的句式进行等价代换，因为后者只是表达一种经历，不含“丧失义”。这一点可以通过观察替换“死了”之前的副词性成分对句式合法性的影响得到确证，如下述（1）（2）两例：

（1）王冕七岁上死了父亲。

（2）王冕七十岁上死了父亲。

由于“七十岁上”失去父亲的“丧失义”不如幼年丧父凸显，因此（2）在语义上显得别扭。

与此对应，沈家煊在论文中提到另一类句式，认为其表达出一种整体上的“获得义”，可初步从（3）（4）两句的可接受性对比得到确证：

（3）他来了两个客户。

（4）他来了两个债主。

（4）的可接受性显著低于（3），这可从“债主来了”这件事对“他”而言不是“有所得”得到解释，因为后者不是表达

“有所得”，与构式本身所具有的“获得义”不符合，因此不合法。(3)(4) 两句的差异也可通过添加副词性成分进一步显示，如 (5)(6) 所示：

(5) 他终于来了两个客户。

(6) 他终于来了两个债主。[1]

副词“终于”表达一种事情的发展符合作者期待的意义，一般而言人类的期待总是倾向于好的方面，“两个债主来了”一般不是人们所期待发生的结果，因此在没有更丰富的语境的情况下，(6) 的可接受程度较 (5) 更低。

据此，我们初步判定类似“他来了两个客户”这样的句式与“王冕死了父亲”这类句式相对应，这类构式可被抽象表述为“NP_1 + 来了 + NP_2”，表达一种“获得义”。

0.2 研究方法

本文所采用的研究方法主要是利用语料库搜集并筛选符合构式格式（以“NP_1 + 来了 + NP_2”这一格式为筛选标准）和意义的语料，在符合构式格式的语料中通过合格语料与不合格语料①的对比和综合，找出具有“获得义”的这类构式“NP_1 + 来了 + NP_2”成立的证据以及其论元结构和名动词的入列条件。

0.3 语料说明

本文所使用的语料均来自于 CCL（北京大学中国语言研究中心语料库），搜集及筛选符合构式结构的语料步骤如下：

a. 以“来了”为关键词在“现代汉语”范围内进行搜索，

---

① 此处合格语料与不合格语料分别是指结构为“NP1 + 来了 + NP2”且具有“获得义”的语料与结构为“NP_1 + 来了 + NP_2”且不具有“获得义”的语料。

共得到 90000 余条语料，下载其中前 10000 条；

b. 通过 AntConc 对其进行词语组块分析，得到“来了”可作为“动词 + 完成体标记”共现的语料共计 3303 条；①

c. 对上述 3303 条语料进行逐条筛选，得到符合构式线性结构的语料共计 127 条；

d. 对上述符合构式线性结构的 127 条语料逐一进行语义测试及考察，得到针对本文所论构式的合格语料共计 30 条，这 30 条经过进一步考察，得出最终的 26 条。

1. “NP_1 + 来了 + NP_2”是一种构式

由于“他来了两个客人”及一部分同类句式都具有“获得”的语义特征，我们认为“NP_1 + 来了 + NP_2”可看作一种构式，整体上表示“获得义”。

1.1 主要动词“来”的基本义项分析

根据《现代汉语词典》（第 6 版），构式中的主要动词“来”的两个的基本意义分别是：

① 从别的地方到说话人所在的地方（跟“去”相对）。如：从县里 ~ 了几个干部；

②（问题、事情等）发生；来到。如：问题 ~ 了，农忙 ~ 了。

① 除了“来了”作为“动词 + 完成体标记”共现的语料（3303）外，从 CCL 所下载的 10000 条语料中的其他语料均为“来”与其前面的动词组成复合词（如“带来、起来”）及“了”作为一个动词性语素（音“liao214”）与“解”所构成的复合词“了解”出现在句中的情况。

由动词"来"的基本释义可知,"来"最根本的用法是用法①,表示的是一种物体的移动,且该移动具有一定的矢量性,即具有[+移动方向接近说话人]的语义特征;与之相对的是"去",其矢量性的表现是具有[+移动方向远离说话人]的语义特征。

释义②与释义①之间存在隐喻投射的关系。Lackoff & Johnson 提出在语言中存在一种"本体隐喻",这一隐喻是指人类可以并常常根据自身关于物理世界中存在的实体的经验去理解较为抽象的经验或概念,比如事件、感觉、行为、观念等,由此在抽象概念和具体实体之间建立隐喻投射。这类隐喻使得一些抽象的经验或概念在语言表达中得以被"指称""量化""确认某一方面""确定原因"或"确定目标、促动行为"。[2]100 动词"来"的基本释义间存在的隐喻投射即"本体隐喻",人类将义项②中涉及的较抽象的概念(如问题、事情等)看作一个实体,在语言中对其进行"指称"并根据"客观实在物体由远及近接近说话人"的这一空间移动概念,来建立并理解"问题、事情等抽象概念从无到有出现在说话人面前"的这一并非表示真实物体运动,而是表示事件发生或产生的抽象概念。

1.2 构式存在的确证

首先,根据 1.1 的分析,"NP_1 + 来了 + NP_2"中主要动词"来"的基本用法仅用来描述一种矢量性的移动,不论是客观实体真实发生的移动还是概念上较抽象的类比性移动,都未显示出"获得"这一具有显著正向感情色彩的意义。动补短语"来了"中的"了"也仅表示"完成体"的概念。此外该句式中也没有其他能直接表达"获得义"的成分,因此单凭该句式中的各成分无法从语义上显现“获得义”。

其次，根据对现代汉语中“来”的用法的语料分析，判定“来”是一个不及物动词，只能带一个论元，表层表现形式一般为“NP 来”。证据是在有效的含有“动词‘来’+完成体‘了’”的 3303 条语料中，仅有 127 条呈现出“NP_1 + 来了 + NP_2”的线性结构，约占总 3303 条语料的 3.8%，其余绝大部分语料在“动词‘来’+完成体‘了’”的线性序列后以标点符号作结（包括“，”“。”“！”“：”“；”等），即在“来了”后不可再加 NP。由此可知，本文所论构式的线性序列体现出的论元结构是动词“来（了）”的一种特殊表现形式，根据“形式与意义一一对应”的语言学基本原则，该特殊形式应当表现出与一般线性序列所不同的结构意义。

最后，在上一点所论述的基础上我们可以进一步看出，该特殊形式无法按照其线性序列组合出的一般语义进行理解，如例(3)：

(3) 他来了两个客户。

按照一般理解，“来了”之前的论元应为动作的施事，即“他来了”表达的是“来的人是他”，但例（3）却不可作此解读，“来了”的施事并非其前的 NP，而是其后的 NP，表达的逻辑语义是“来的人是客户”。与沈家煊（2006）对“王冕死了父亲”这一构式的分析相似，“他”在此处并非“来了”的论元，而是“来了两个客户”这一事件的外围受影响者，具体在这一构式中通常作为“获得者”存在。

总之，根据以上三个方面的论述可知，“NP_1 + 来了 + NP_2”所具有的“获得义”无法由该构式的主要动词“来（了）”或任何一个成分单独显现，也无法从该构式的线性序列的组合中推导出来，且该线性序列在动词"来（了）"的线性序列分布中属于少数特殊形式，因此确认本文所论"NP_1 + 来了 + NP_2"为一个独立的构式，具有整体上的构式义——"获得义"。

2. 构式的论元结构及名词（短语）入列条件

根据对语料的观察，我们发现，符合"NP_1 + 来了 + NP_2"这一线性序列的语料共 127 条，但其中仅有 30 条具有较为突出的"获得义"，是本文所认定的"合格语料"，这说明该构式对"NP_1 + 来了 + NP_2"中所具有的论元结构及名词短语部分的入列能力仍需设立一定的标准。分别论述如下。

2.1 论元结构

在 1.2 中提到，在构式"NP_1 + 来了 + NP_2"中，动词"来（了）"的施事应该是其后的 NP_2，而不是 NP_1。由于"来（了）"是一个不及物动词，只能带单一论元，因此动词"来（了）"的论元结构应为"来（了）+ NP_2"，NP_2 所承担的论旨角色是动作"来（了）"的施事。NP_1 不是动词"来（了）"的论元，可看作"来了 NP_2"所描述的"NP_2 来了"这一事件的外围论元，承担"受益者"的论旨角色。这一标准也为我们搜集到的语料所证实，如例（7）—（10）所示：

（7）"傣族人[①]遇上节日或是来了客人，他们就驾竹筏进澜沧江，捕来新鲜的鲢鱼。"（1994 年报刊精选）

① 此处例句中用下划线标出可抽取出的符合本文所论构式的部分，下同。

（8）“闻瑞来了兴致，拿出 100 元作为小费，请乐师为女孩演奏一首乐曲。”（1994 年报刊精选）

（9）“这位美国协和电子有限公司的经理还真就来了精神，来了兴趣，并且就在几万米的高空中，签订了投资意向书。”（1994 年报刊精选）

（10）“看宋蔼龄不深究了，孔祥熙就来了兴致，指手划脚地说：‘这天下大事，总以教育为本，教育兴则人才出……’”（《宋氏家族全传》）

以上四则语料都表示一种对 NP_1 而言的“获得义”，这从狭义语境中即可得到进一步确证；可从上述语料抽取出四例本文所论“获得义”构式，如（7）′—（10）′所示：

（7）′傣族人来了客人；

（8）′闻瑞来了兴致；

（9）′经理来了精神，来了兴趣；

（10）′孔祥熙来了兴致。

这四例的论元结构均符合 NP_2（客人、兴致、精神、兴趣）做“来了”的施事论元，NP_1（傣族人、闻瑞、经理、孔祥熙）做“来了 NP_2”这一事件的“受益者”外围论元的条件。

若不符合上述论元结构，则该句式不产生“获得义”，如例（11）—（12）：

（11）“新洲县委书记陈和润同志也来了信。”（《人民日报》1993 年 11 月）

（12）“没过多久，公安局来了通知，杨旭随一团伙抢劫商行，现在正式通缉。”（《中国北漂艺人生存实录》）

上述两例中“来了”的施事论元仍是由 NP_2（“信”“通

知”）充当；但 NP_1（“陈和润同志”“公安局”）承担的不是“来了 NP_2”的外围“受益者”论旨角色，而是承担“来了 NP_2”的“施事”的论旨角色。也即，（11）表示的是“陈和润同志发出了写信来（说话者处）的动作”，（12）表示的是“公安局发出让通知到达（说话者处）的动作”，这里 NP_1 作为构式表达的主要事件的“施事”，自然不会是外围的“受益者”，整个构式由此也无法体现针对 NP_1 的“获得义”。

2.2 名词（短语）入列条件

在确定了该构式的论元结构后，可进一步确定其名词（短语）入列条件，将 NP1 与 NP_2 分别考虑。

2.2.1 NP_1 的入列条件

首先，根据 2.1 中关于 NP_1 论旨角色的结论可进一步推导出 NP_1 在语义上的特点。2.1 已论证，NP_1 承担“来了 NP_2”这一事件的外围“受益者”论旨角色；从认知角度来看，“来了 NP_2”编码的是一种实体或抽象概念的移动（见 1.1），“移动”作为一个事件一般具有“起始点”和“目的点”，那么 NP_1 若要承担“受益者”的论旨角色，则其编码应当是“移动”的“目的点”而不应当是“起始点”，因为只有“目的点”才有所得，才可能进一步产生“获得义”。需要说明的是，这里的“目的点”之所以不使用“目的地”这个更符合空间运动的概念，是为了与实际的空间运动有所区分，因为在“NP_1 + 来了 + NP_2”这一表达“获得义”的构式中，NP_1 这一“目的点”通常总是由指人名词充当（证明见下），因此并非一个实在的地点，而是通过本体隐喻投射而来的类似空间运动中“目的地”的概念。因此 NP_1 具有［+目的点］的特点。

其次，根据统计，在所有合格的 30 条语料中，NP_1 从语义类别上可划分出三种类型：NP_1 = 指人名词短语，共 26 例；NP_1 = 地点名词短语，共 2 例；NP_1 = 时间名词短语，共 2 例。NP_1 的语义类型分布如下图所示：

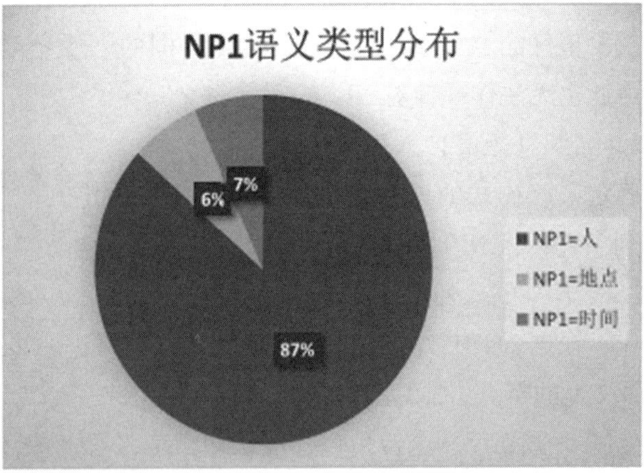

由图可知，允许进入 NP_1 位置的绝大部分为指人名词，占全部三种类型的 87% 之多，可初步判断 NP_1 的入列条件为［NP_1 = 指人名词短语］。这一点的合理性可以通过 2.1 提出的论元结构条件得到证明。2.1 提出，在该“获得义”构式中，NP_1 是“来了 NP_2”所代表的事件的“受益者”，从认知上来看，“受益”或“受损”、“丧失”或“得到”这类涉及价值判断的范畴一般都是从人类的角度考量的，单纯地对一个地点或时间而言无所谓“受益”或“受损”、“丧失”或“得到”，因而 NP_1 应为指人名词短语。

再细致考察其余 4 例［NP_1 = 非指人名词短语］（NP_1 = 地点

名词短语、时间名词短语）但表达“获得义”的语料，发现这4例相比各自小类中其余符合论元结构的语料而言，其 NP_1 潜在地具有［+指人名词］的特征，也即虽然这4例语料中 NP_1 本身不是典型的指人名词，但可以在构式“NP_1 + 来了 + NP_2”附近的狭义语境内找到显性的或隐性的“指人名词”来承担“来了 NP_2”的“受益者”这一外围论旨角色。如例（13）—（16）所示：

（13）“李鹏总理亲笔在一份文字简短措辞激烈的情况简报上，严肃而凝重的批上了这样几个字：请宋健同志注意，白洋淀好不容易来了水，又污染了，实在不应该。”（1994年报刊精选）

（14）“一些企业只要来了订单，就要求工人日夜加班加点[1]，直到完成订单任务。”（1994年报刊精选）

以上为［NP_1 = 地点名词短语］的语料2例；

（15）“蜀地的百姓平时受尽晋朝官府的压迫，现在来了李特，生活倒安定起来，怎么不高兴。”（《中华上下五千年》）

（16）“一位领导同志说：‘到了征集后期真是来了好作品，立意很新颖。’”（1994年报刊精选）

以上为［NP_1 = 时间名词短语］的语料2例。

其中例（13）的 NP_1 是“白洋淀”，为地名，但能够根据狭义语境找出“来了水”的潜在受益者是“白洋淀的居民”。例（14）的 NP_1 是“一些企业”，是一类事物，并非指人名词，但能够根据狭义语境找出“来了订单”的潜在受益者是“企业的领导或高层（与工人相对）”。例（15）的 NP_1 是“现在”，为

① 从 CCL 搜索到的语料此处“加”后本无“点”，现根据语义补足。

时间名词，但可以在狭义语境中找到“来了李特”的实际受益者是前面提到的“蜀地的百姓”。同样，例（16）的 NP_1 是“征集后期”，是时间名词短语，但可根据狭义语境找出“来了好作品”的潜在受益者是“作品征集方相关人员（如此处的领导同志）”。以上四例，（13）（14）和（16）是在狭义语境中隐性地存在“受益者”指人名词，（15）是在狭义语境中显性地存在“受益者”指人名词。

这一特点无法在［NP_1 = 非指人名词短语］（NP_1 = 地点名词短语、时间名词短语）且不表达“获得义”的语料中找到，如例（17）—（18）所示：

（17）“八华山来了一位高人，这位高人叫许谦。”（《梁冬对话罗大伦》）

（18）“老太婆看了看高天民及其身边的四个青年人，才昂起头来说道：‘俺老少三代开了一个客栈，前天来了三个人，给俺十两银子，将俺客栈强买了去。俺不愿卖，他们连打带骂，把俺撵出门，连十两银子也不给了。俺无家可归，怎么办啊…’说着，又哭了起来。”（李文澄《努尔哈赤》）

例（17）中 NP_1 为地点名词，例（18）中 NP_1 为时间名词，二者皆无法在狭义语境中找到显性或隐性的受益者，且例（18）的语境显示“来了三个人”这件事对“俺老少三代”而言是一场灾难。

通过例（13）—（16）与例（17）—（18）的对比并结合语料显现出的事实发现，当句子含有［NP_1 = 非指人名词短语］特征时，首先绝大部分用例不显示“获得义”，能显示“获得义”的仅为个例。其次是显示“获得义”的用例对语境有较强的依赖性，语境展现出的感情色彩的正向与负向可以决定与本文所论构式同形的句式是否表达“获得义”。由于这与构式本身作为一个整体表达一定的句式意义这一思想相抵触，因而上述 4 例［NP_1 = 非指人名词短语］的用例不纳入考察范围内，本次考察的合格语料实际上应为 26 条。

综上，在构式“NP_1 + 来了 + NP_2”中，NP_1 应具有的特点是［NP_1 = 指人名词短语］。

2.2.2　NP_2 的入列条件

构式“NP_1 + 来了 + NP_2”中 NP_2 的语义情况相比 NP_1 来说较简单。2.2.1 已论证本文的合格语料应具有［NP_1 = 指人名词短语］特征，分析当 NP_1 为指人名词时（共 26 例）、NP_2 位置上可出现的名词，发现大致分为以下两类：

a 客人类（共 4 例）：客人、远道客人、朋友；

b 兴趣、精神类（共 22 例）：精神、兴致、兴趣、笑脸、积极性、戏瘾。

现各举一例如下：

（19）“有天我来了客人，市委一个副书记一起陪了到城北去，他就特别关照，高书记现在很困难，你不要给他增加什么负担。”（1994 年报刊精选）

（20）“这样一来，上至分厂，下至个人，都来了积极性，每年问要不要人，都说不要。”（1994 年报刊精选）

2.1 中已论证，构式“NP_1 + 来了 + NP_2”中的 NP_2 承担“来了”的施事论旨角色，这里出现的两类 NP_2 分别对应发生实际移动的实体和通过隐喻发生“移动”、实际表达“从无到有”的产生过程的抽象物，与 1.1 中论及的“来”的两个基本含义吻合；且 a、b 两类名词短语通常出现于积极的语境中，表现出明显的正向、积极的语义韵特点，这一特征使得整个“NP_1 + 来了 + NP_2”构式具有表达同样正向、积极的“获得义”的语义基础。

2.3 构式“NP_1 + 来了 + NP_2”论元结构及名词入列条件小结

根据上面的论证，构式“NP_1 + 来了 + NP_2”表达“获得义”的条件有以下三点：

a 动词“来（了）”的论元结构应为“来（了）+ NP_2”，NP_2 所承担的论旨角色是动作“来（了）”的施事，NP_1 是“来了 NP_2”的外围论元，承担“受益者”的论旨角色；

b NP_1 具有［+目的点］和［NP_1 = 指人名词短语］的特点；

c NP_2 具有的特点是［+正向语义韵］，一般为“客人类”或“兴趣、精神类”。

3. “NP1 + 来了 + NP2”构式产生原因浅探

说明“获得义”构式“NP_1 + 来了 + NP_2”作为构式成立的条件及构式的论元结构和名词入列条件后，本文尝试对该构式的产生进行一些浅显的猜测和探索。

“NP_1 + 来了 + NP_2”这一构式的产生与其核心动词的用法关系密切，可通过细致考察“来（了）”的用法找出其逻辑关联。如 1.2 所述，“来（了）”在语料中显示出的最为常见的用法是不及物动词用法，仅带一个施事论元，可描述为“NP 来了”，这与本文所论“获得义”构式存在两个不同层面的论元（NP_1 和 NP_2）的结构大异其趣，但二者之间并非无法勾连。通过分析语料我们发现，对动词短语“来了”而言，存在一部分在形式上与“获得义”构式相类的用法，也即当“来了”前出现地点名词和时间名词时，“来了”的施事论元可以出现在其后的位置上，表现出的线性序列同样是“NP_1 + 来了 + NP_2”。这类线性序列表达的一般句式意义与隐现句同，表示“某地/某时出现了某人或某物”，虽然其中绝大多数用例没有表示出“获得义”，但其中已经出现个别可以在狭义语境的协助下表达“获得义”的用例，详见例（13）—（16）及相关说明。

上述现象提示我们，“获得义”构式的来源可能是作为隐现句或类似隐现句存在的“地点/时间 NP_1 + 来了 + NP_2”，如例（21）—（22）：

（21）“突然家里来了三位客人。”（1993 年《人民日报》）

（22）“下午果然来了四个人。”（吴晓波《激荡三十年——中国企业史 1978 — 2008》）

例（21）的 NP_1 “家里”是地点名词短语，例（22）的 NP_1 “下午”是时间名词，这两例表达的句式意义与隐现句相同。那么以趋向动词“来”作为主要动词的这类隐现句与本文所论“获得义”构式有何关联？可做初步猜想：前者可能是后者的语义基础，二者具有认知上的“转喻”关系。这种关系表现在隐现句表达的“出现”这一“移动义”是“获得义”的基础，由“出现”“到来”等一般的移动意义可以通过转喻所代表的相关引申得到“获得”的意义。换句话说，“获得义”可看作是移动“目的点”视角下的隐现义的实现。这与 2.2.1 所论证的“获得义”构式中的 NP_1 具有［＋目的点］特征可参照来看。另外，从 NP_1 的角度来看，从“隐现义”到“获得义”的发展也存在“转喻”机制，NP_1 从地点/时间名词发展为“某地点/时间”状态下受影响的“人”，因此“获得义”构式的逻辑演变可描述为：

“隐现义”NP_1 ＋来了＋NP_2→“获得义”NP_1 ＋来了＋NP_2。

4. 存在问题及进一步研究

本文对“获得义”构式做了考察和分析，在分析过程中存在有效语料搜集不足（虽然从 CCL 上下载语料 10000 条，但由于检索式不够准确，最终有效语料仅 3303 条）、对“获得义”的认定存在主观性、理论支撑不足以及分析不够严谨等缺陷，相关结论或需要进行进一步的修正。

另外，在现有基础上若有进一步研究的价值，希望能考察更多共时语料和历时语料，尝试勾勒出现存“获得义”“NP_1 ＋来了＋NP_2”构式的产生途径。

附　注

在搜集到的语料中，还发现 1 例“NP_1 ＋来了＋NP_2”表示“获得负面情绪”的意义，以及 2 例无法通过本身而需要联系更大的语境才能判断所“获得”的东西是“正面”还是“负面”。由于数量较少，暂不予考虑。如在更大范围内考察发现“获得负面”的用法也很常见，可以将本文所论“获得义”的内涵进行扩展，也即 NP_1 不仅可作为外围的“受益者”，也可作为外围的"受损者"，但二者仍然都可以统一于"获得义"内部。

参考文献：

[1] 沈家煊. "王冕死了父亲"的生成方式——兼说汉语"糅合"造句 [J]. 中国语文, 2006(4): 291—300.

[2] 杨作玲. 上古汉语非宾格动词研究 [D]. 商务印书馆, 2009.

[3] 张敏. 认知语言学与汉语名词短语 [M]. 中国社会科学出版社, 1998.

The analysis and interpretion of the configuration"NP1 + 来了 + NP2"

Tian Shiqi

(Beijing Normal University, Beijing 100875, China)

Abstract: This paper uses the CCL website to collect corpus. By carefully filtering and analysing the corpus collected, we find that there exists one kind of configuration "NP1 + 来了 + NP2" (for example, 王冕死了父亲) possessing the meaning of "obtaining". Thus we try to investigate into the reason why this exists, the structure of the configuration and the entering qualification of nouns and verbs included. Finally we also analyse the emerging process of this kind of configuration.

Key words: obtaining meaning; configuration; the structure of argument; grammaticalization

“六书”二元分类说

钟如雄①

摘　要　关于“六书”的二元分类，明代学者最早提出“四体二俱”之说。本文从汉字“构形法”与“增减形法”两个角度，对“六书”重新作二元分类。“构形法”中的四书，是能直接造字的构形原理和方法；“增减形法”中的两书，是不能直接用来造字的，“转注”是汉字旧形翻新的转形法（增形法），“假借”则是借用已有的同音字来贮存新义，抑制汉字数量增加的“减形法”。

关键词　构形法　增减形法　二元分类　六书　文字学理论

① 作者简介：钟如雄（1953—），西南民族大学文新学院教授，研究方向：汉语史研究。

形成于东汉后期的“六书”理论，后世历经1800余年反复论证，至今尚未形成一个统一的认识。“六书”之名始见于《周礼·地官·保氏》：“保氏掌谏王恶，而养国子以道，乃教之六艺，一曰五礼，二曰六乐，三曰五射，四曰五驭，五曰六书，六曰九数。”《周礼》只提及“六书”之名，但尚未具体说明六书的细目及其内涵。至东汉经学家郑众才提出“象形、会意、转注、处事、假借、谐声”六种细目（见《周礼》郑玄注）。之后史学家班固在《汉书·艺文志》中也云：“故《周官》保氏掌养国子，教之六书，谓象形、象事、象意、象声、转注、假借，造字之本也。”至此，六书细目虽然有了，但还是无人解释。直到许慎著《说文解字》时才第一次给予诠释。《说文解字·叙》云：“《周礼》八岁入小学，保氏教国子先以六书。一曰指事。指事者，视而可识，察而可见，上下是也。二曰象形。象形者，画成其物，随体诘诎，日月是也。三曰形声。形声者，以事为名，取譬相成，江河是也。四曰会意。会意者，比类合谊，以见指扮，武信是也。五曰转注。转注者，建类一首，同意相受，考老是也。六曰假借。假借者，本无其字，依声托事，令长是也。”[5]314许慎给六书做出言简意赅的解释之后，从此奠定了“六书学”。东汉“六书”三家说的细目虽说不同，但同出一源，因为班固的《汉书·艺文志》是根据西汉刘歆的《七略》删节而成的，所列六书名目、次序也应本于刘歆所述；而郑众、许慎的学术师承又与刘歆有渊源，郑众之父是刘歆的学生，许慎之师贾逵的父亲贾徽也是刘歆的学生。“六书”三家说的细目有两点不同：一是“指事、会意、形声”的称谓不同，二是各书次第不同。后世的研究者认为，称谓不同反映出三家对这三书的认识可能存在差异，各书次第的不同，反映三家对各类字产生的先后存在不同看法。后人在阐述六书理论时，多从许慎六书的名称而遵班固六书的次序，即“象形、指事、会意、形声、转注、假借”。

“六书”是汉字的构形系统，它是后世对远古先贤相继发明创造的构形理论和方法的归纳与总结。这个系统包括两个子系统，即“构形法”系统和“增减形法”系统。“构形法”系统包含“象形、指事、会意、形声”四书，它们都具备造字的功能，但不具备旧形转换或抑制汉字数量增加的功能；“增减形法”系统则包含“转注”和“假借”两书，它们虽不能直接用于造字，却具备旧形转换或抑制汉字数量增加的功能。因此，我们将传统的“六书”说再做“二元”分类。我们的“二元”分类，不同于前人的“四体二用”说。

“四体二用”的二元分类说形成于明代，又曾三易其名，赵古则始称“四体二俱”，吴元满改称“四体二用”，杨慎再改称“四经二纬”。赵古则说：“故六书，初一曰象形，文字之本也；次二曰指事，加于象形者也；次三曰会意，次四曰谐声，合夫象形、指事者也；次五曰假借，次六曰转注，托夫四者之中者也。……象形，文之纯；指事，文之加也；会意、谐声，字也。谐声，字之纯；会意，字之间也。假借、转注，则文字之俱也。肁于象形，滋于指事，广于会意，备于谐声。至于声，则无不谐矣。四书不足，然后假借以通其声；声有未合，而又转注以演其声。象形、指事，一也。象形有加为指事。会意、谐声，一也。会意主声为谐声。转注、假借，一也。假借叶声为转注。明乎此，则六书之能事毕矣。”（《六书本义·六书总论》）赵氏虽未明说六书可分成“四体二俱”，但其言语之间业已表露出来。这可以算是六书“二元”分类的开端。继后吴元满直接提出了“四体二用”这一名称。他说：“六书，形、事、意、声，四者为体；假借、转注，二者为用。”（《六书正义 · 谐声指南》）再后杨慎将其改称为“四经二纬”。杨慎的“四经二纬”说见于清代顾炎武的《音论》卷下：“升庵子曰：六书当分六体。班固云‘象形、象事、象意、象声、转注、假借’是也。六书以十分计之，象形居其一，象事居其二，象意居其三，象声居其四，假借借此四者也，转注注此四者也。四象以为经，假借、转注以为纬。四象之书有限，假借、转注无穷也。”[1]46今天看来，明人的六书“二元”分类有它的合理性，因为六书中的“四象”属于直接能造字的方法，而“转注”与“假借”两书是不能直接用于造字的，“转注”只是促使汉字旧形转换的方法，而“假借”则是抑制汉字增多的方法。分述于后。

一、“构形法”系统

汉字的构形法，初创时期只有单一的“象形”，而后历经“会意、指事、形声”三种方法的再发明而走向成熟，最后形成以“象形”为核心，以“会意（指事）、形声”为主体的汉字构形法。从“象形”到“会意（指事）、形声”，汉字构形法经历了三次飞跃，由此形成了汉字的整个构形法系统。

（一）第一次飞跃是“象形”构形法的发明。众所周知，任何事物的产生、发展都是从个体到群体的，就是道家鼻祖老子所揭示的发展规律，“道生一，一生二，二生三，三生万物”（《老子·四十二章》)。《淮南子·天文》也说："道曰规，始于一，一而不生，故分而为阴阳。阴阳和合而万物生。"也就是说，"道"始于由混沌之气组成的混合体，而后由这个混合体派生出阴阳两仪来，再由阴阳两仪孳乳出天、地、人三才来，再由三才衍生出万物。这个生生不息的"道"中隐藏着客观万物变化的普遍规律。汉字构形法中的"象形"犹如一个混沌体，其中也隐藏着一个构形法孳乳的规律，即象形法处于初创时期，其创造汉字的生命力极为旺盛，天地万物中的一切可象之物，无论是全象还是局部形象，都可运用它来取象构形。如《说文》540 个部类中的"（日）、（月）、（申）、（山）、（水）、（阜）、（木）、（龙）、（虎）、（象）、（牛）、（马）、（鹿）、（兔）、（燕）、（鸟）、（隹）、（虫）、（鱼）、（龟）、（贝）、（且）、（身）、（兒）、（子）、（首）、（口）、（耳）、（而）、（爪）、（臣）、（目）、（自）、（心）、（肉）、（衣）、（刀）、（豆）、（矢）、（火）、（仓）、（户）、（田）、（车）、（册）、（酉）"等等，都是运用象形构形法造出来的象形字。

（二）第二次飞跃是"会意"构形法的发明。"象形"构形法是最原始的汉字构形法，它的发明和运用，为华夏民族找到了一种形象的记言记事工具（符号）。但是，这种单一的构形法最终不能满足整个族群记言记事的需要，因此后世将独体的象形字加以"聚象"（合并重组），新的字由此产生了。"聚象"构形法的运用，宣告了新的构形法"会意"的产生。会意构形法的基本原理是将原有的象形字加以重新组合来创造新字。比如

“（馬、马）”（乙七〇九三），是个独体象形字，如果将两个“”并列重组，就造出“騳”来，再在“騳”上叠加一个“馬”还能造出“驫”来。“騳”“驫”都是运用会意构形法造出来的新字，它们构形的基础部件都是象形字“馬”。《玉篇·马部》：“騳，马走也。”《说文·马部》：“驫，众马也。从三马。”清王筠句读：“似挩‘行’字。《字林》：‘驫，众马行也。’”除了以上同字并列或重叠之外，“驫”还可与“木”重叠另造新字“欞”。《说文·木部》：“欞，众盛也。从木驫声。”许君认为“欞”是个形声字，其说可疑，我们觉得其构形当与“雧”同，会意字。《说文·雥部》：“雧，群鸟在木也。集，雧或省。”将原有的独体象形字采用并列、重叠、增附等构形方式，可以造出很多会意字来。

“六书”构形法中的“指事”，本质上是会意法的一种变体，用它造出来的汉字，也是会意字的一种变体。比如“刃”字，甲骨文作“”（前四. 五一. 一），小篆作“”。《说文·刃部》：“刃，刀坚也。象刀有刃之形。”清王筠《释例》卷一云：“有形不可象，转而为指事者，乃指事之极变，刃字是也。夫刀以刃为用，刃不能离刀而成体也，乃顾之为字，有柄有脊有刃矣。欲别作刃字，不能不从刀，而以丶指其处，谓刃在是而已，刃岂突出一锋乎？”[4]25

王氏认为，指事字的构形部件原来都是象形字，其中一个为表意主要部件，另一个则“极变”成指事性构形部件，在重组的新字中指事表意的地方。如“刃”，“不能不从刀，而以丶指其处”。王氏的解释是符合指事字的构形理据的，因为指事字中表示的指事的构形部件，是构形时“极变”的形态，它原本就是一个象形字。所以我们将指事构形法视为会意构形法的一种变体。

（三）第三次飞跃是“形声”构形法的发明。“形声”构形法的构形原理与会意构形法是相同的，它们都是将原有的字作为构形部件，再采用并列、重叠、增附等方式另造新字。所不同的则是：形声构形法业已将构成新字的所有部件“二元”化了，而二元化后的构形部件，一部分表示事物的类别（可称“类母”），另一部分声化后表示读音和共性意义。比如“戴”。《说文·異部》：“戴，分物得增益曰戴。从異𢦏声。戴，籀文戴。”许君的释义不确。“戴”从異𢦏声构形不误。“異”甲骨文作“”（甲三九四），金文作“異”（《盂鼎》）。《说文·異部》：“異，分也。从廾从畀。畀，予也。”许君释为“分”，是“異”的引申义而非本义。清罗振玉《增订殷虚书契考释·異》：“古金文皆作，象人举手自翼蔽形。”[3]213罗氏说业已接近本义了。从甲骨文的构形看，“異”象人顶物两手扶着行走之形，本义为两手扶着头顶的物体行走。杨树达《积微居金文说》：“甲骨文異字作人头上戴物，两手奉之之形，異盖戴之初字。戴从𢦏者，加声旁耳。”杨氏说甚是。“異”是个会意字，后增声母“𢦏”转形为形声字“戴”。远古先民有头顶物行走的习俗。《孟子·梁惠王上》：“百亩之田勿夺其时，八口之家可以无饥矣。谨庠序之教，申之以孝悌之义，颁白者不负戴于道路矣。”《释名·释姿容》：“戴，载也。载于头也。”《玉篇·異部》：“戴，在首也。”《汉语大字典》从《说文》说，将“分物得增益”作为“戴”的本义，未安。[6]1516“𢦏”甲骨文作“”（铁二六二.三）。《说文·戈部》：“𢦏，伤也。从戈才声。”许君释形有误。

“𢦏”从巛从戈会意，是“災”字的异体字，表示水灾与兵灾。在远古先民的意识中，水灾、火灾和兵灾对人类威胁最大，因此用来创造“災”字的构形部件，可以用“水”与“火”，也可以用“水”与“戈”，还可以用“水”“火”“戈”。“水”与“火”组合成“災”()，“水”与“戈”组合成“𢦏”（），“水”“火”与“戈”组合成“烖”，也可以选用“宀”与“火”组合成“灾”()，而“灾”成了今天的通用字。“”上“”不是“才”，而是“”的变形。“災”“𢦏”“烖”“灾”是一组异体字，也都是用原有的象形字重新组合而成的会意字。“灾”的另一个异体是“㷙”，见于《峄山碑》，从火甾声，是用形声法造的形声字。“戴”从異𢦏声。其中的“𢦏”本是个会意字，原本表示灾难，在新造的形声字“戴”字中充当类母，表示负重（承受）一类的行为；“異”本是“戴”的初文，在新造的形声字“戴”字中充当声母，既表示“头顶物”这类行为，又为“戴”充当了标音的作用。因此我们说，形声构形法是会意构形法进一步分化发展的过程中产生的。《说文》中的“亦声”字，许君首先作会意字分析，然后再作形声字分析，所谓“从××，×亦声”的字，都是用会意和形声两种方法造的字。在汉字构建中，只有“亦声”字，才能作两种字形结构分析。

汉字构形法的三度成熟，即从象形、会意（指事）而后形声，最终彻底走向“声化”，它既是远古祖先的伟大发明与创造，更是中华民族集体智慧的结晶。

二、“增减形法”系统

“六书”中“转注”与“假借”，都不能直接用来造字。但是，往古圣贤都认为它们本是“六书”中的两种构形法，虽然明清以来都说它们属于“二用”，但谁也没有讲清楚“二用”到底在文字学史上是怎么“用”的。

我们在十七年前出版的《说文解字论纲》中提出了一种设想：“转注”“假借”属于“六书”中的“增形法”和“省形法”。在该书中我们是这样表述的：“（‘转注’与‘假借’）在‘六书’中为两种特殊的造字法。转注为‘增形’造字法，即在初文基础上变更或累增类母，以再造更多的新字；假借则为‘省形’造字法，即将语言中的某些词，尽可能寄附于已有的同音字之内，以抑制新字的孳乳。‘增’与‘减’，是一对矛盾的统一体，为调节汉字的总需求，使它能朝着更加实用、美观、经济的方向发展。”[9]147-148这一设想，得到了恩师何九盈先生的支持和鼓励。[2]

（一）“转注”是改造翻新汉字旧形的“增形法”。运用“转注”法翻新汉字旧形必须具备以下基本条件：第一，被翻新的字应有初文或异体字；第二，选择翻新所用的构形法；第三，新造的字必须与原字代表的是同一个本义（或字形义）；第四，改造翻新后的字与原字的读音在同一时期内必须是相同的。比如“鬲”，甲骨文作“”（甲二一三二），象三足鼎，《广韵·锡韵》郎击切。《说文·鬲部》：“鬲，鼎属，实五觳。斗二升曰觳。象腹交文，三足。䰛，鬲或从瓦。歷，汉令鬲从瓦厤声。”

“鬲”原本是个合形音义为一体的象形字，后世则运用形声构形法将它改造翻新成了“鎘$_1$”“融$_2$”“㽉$_3$”三个形声字。“鎘$_1$”“融$_2$”，是在初文“鬲”的基础上增附表示类别的“金”或“瓦”而造的新字，翻新后的形声字仍读本音；“㽉$_3$”则是用与初文“鬲”完全不同的构形部件组合而成，其中的类母用的是“融”字的“瓦”，读音则用“麻”来表示。“融$_2$”“㽉$_3$”都是《说文》的同部重出字。《集韵·锡韵》：“鬲，《说文》：‘鼎属。’或作鎘。”《吕氏春秋·安死》：“君之不令民，父之不孝子，兄之不悌弟，皆乡里之所釜融者而逐之。”清毕沅新校正：“融，旧鬲旁作几，字书无考。顾亭林引作融，注云：‘鬲同。’今从之。”《玉篇·瓦部》：“㽉，瓦器。今作鬲。”杨树达《积微居小学述林全编》卷二《释甬》云：“（《说文》）三篇下《鬲部》云：‘鬲，鼎属，实五瞉，象腹交文，三足。’或作融，或作㽉。按鬲为纯象形文，融为加义旁字，㽉则纯形声字也。”[7]72 “鬲”的异体还有个“䰛$_4$”。《集韵·锡韵》：“鬲，《说文》：‘鼎属，实五瞉。斗二升曰瞉。象腹交文，三足。’或作䰛。”形声字“䰛$_4$”则不以初文“鬲”为声母，反而以“麻”为声母，可能是受“㽉”字类化的影响。总之，“鎘$_1$”“融$_2$”“㽉$_3$”“䰛$_4$”均为初文“鬲”的异体字，虽然它们选择的构形部件不尽相同，但采用的构形法却是完全相同的。在《说文》1163 个“重文”中，转形字占相当大的比例。如：

①嘯，吹声也。从口肅声。歗，籀文从欠。（二上《口部》）
②詠，歌也。从言永声。咏，詠或从口。（三上《言部》）
③劓，刑鼻也。从刀臬声。《易》曰：“天且劓。”劓，臬

[劓] 或从鼻。（四下《刀部》）

④簋，黍稷方器也。从竹从皿从皀。匭，古文簋从匚饥。匦，古文簋或从轨。杭，亦古文簋。（五上《竹部》）

⑤凵，凵盧，饭器，以柳为之。象形。筶，凵或从竹去声。（五上《凵部》）

⑥楮，榖也。从木者声。柠，楮或从宁。（六上《木部》）

⑦時，四時也。从日寺声。旹，古文時从之日。（七上《日部》）

⑧糟，酒滓也。从米曹声。醩，籀文从酉。（七上《米部》）

⑨歓，歠也。从欠酓声。汆，古文歓从今水。飠，古文歓从今食。（八下《欠部》）

⑩淵，回水也。从水，象形。左右岸也，中象水皃。㘨，淵或省水。囦，古文从口水。（十一上《水部》）

以上10个例子中的“嘯$_1$”与“歗$_2$”，“詠$_1$”与“咏$_2$”，“劓$_1$”与“劓$_2$”，“凵$_1$”与“筶$_2$”，“楮$_1$”与“柠$_2$”，“時$_1$”与“旹$_2$”，“簋$_1$”与“匭$_2$”“匦$_3$”“杭$_4$”，“糟$_1$”与“醩$_2$”，“歓$_1$”与“汆$_2$”“飠$_3$”，“㘨$_1$”与“淵$_2$”“囦$_3$”等等，或由象形字转换为会意字，如“㘨$_1$”与“囦$_3$”，或由象形字转换为形声字，如“凵$_1$”与“筶$_2$”，或形声字转换为形声字。在《说文》中，有的字原本是同一个字的异体，我们谓之“异部重出字”，许君将它们误认为不同的字，故“分别部居”。如《欠部》：“歗，吟也。从欠肃声。《诗》曰：‘其歗也謌。’”南唐徐铉等案：“《口部》此籀文嘯字，此重出。穌弔切。”[5]179如果不从源头上梳理清楚异体字旧形翻新的关系，这样的误读错释在所难免。

按理说，语言中的某个“词”只要有一种书写形式就可以了，为什么还要为它造那么多的异体字呢？这个问题很复杂，有待进一步研究。但总的说来，有这样一些原因：一是不同的书写者或同一个书写者自造异体，这种现象在甲骨文中普遍存在；二是因国家分裂，各地另造新字，如战国古文；三是书写者不知道已有本字或一时忘了本字怎么书写而另造新字，如秦汉简帛、敦煌写卷用字；四是初文或繁或简，后世书法趋向美化，故另造新字；五是因汉字简化而另造新字，等等。

（二）“假借”是汉字孳乳的“省减法”。

汉语中产生的新义，主要用三种办法来贮存。

第一，如果是引申义，则有两种贮存方式。一是将新义贮存在本义的字形中。这样一来多数汉字的“内存”中都有无数个引申义。引申义在字典辞书中是根据其与本义或引申义之间的“远近”“亲疏”关系来排序的，离本义或前一个引申义最近亲的排在前面，由此形成同一个字的引申义序列。《说文·耒部》：“耦，耒广五寸为伐，二伐为耦。从耒禺声。”《汉语大字典》收了17个义项：①古代农具，耜类。耒广五寸为伐，二伐为耦。②古代二人一组的耕作方法。③一对，两个一组。④双生。⑤配偶。⑥两者；双方。⑦双数。⑧合；和谐。⑨与……匹敌。⑩对着；相对。⑪同伴。⑫流辈，同辈或同一流的人。⑬同等；并列。⑭淤积。⑮贯通。⑯偶像。⑰姓。在这17个义项中，除本义“①古代农具，耜类”和“⑰姓”外，其余15个都是按引申义与本义、引申义与引申义的亲疏关系来排列的。[6]2966

二是另造区别字（专字）来贮存。比如“厤”，甲骨文作“”（甲二三六九），后写作“歷”，本义为治理。《说文·厂

部》："厤，治也。从厂秝声。"清段玉裁注："《甘部》'曆'下云：'从甘秝。秝，调也。'按：调和即治之义也。"王筠句读："此治玉、治金之治，谓磨厉之也。"引申为"研治""经历""日历"等，后世专为"日历"另造区别字"曆"，而本义和引申义"研治""经历"仍用"厤（歷）"字来表示。另造的区别字可能是为本义造的，也可能是为引申义造的。为本义造的区别字，如"其"与"箕"，"孰"与"熟"，"能"与"熊"等，"其""孰""能"原本是贮存本义的初文，后来引申义产生了，故另造区别字"箕""熟""熊"来贮存本义，"其""孰""能"则贮存引申义。

第三，借用同音字来记录。比如"我"，甲骨文作""（甲前四. 四五. 四），金文作""（《盂鼎》），小篆作""，都是采用象形法来构形的，像某种手持的兵器。《说文·我部》："我，施身自谓也。或说我，顷顿也。从戈从𠂹。𠂹，或说古垂字，一曰古杀字。𢦑，古文我。"南唐徐铉等注引徐锴曰："从戈者，取戈自持也。"从甲骨文的构形看，"我"本为兵器，后因第一人称代词的"我"与兵器的"我"同音，故将人称代词"我"的意义贮存在表示兵器的"我"的字形中，后世不再给人称代词的"我"造字，如此一来，"我"字中就有了两种意义：①兵器，构形所表示的意义（本义）；②第一人称代词，相当于"余""予""吾"等。人称代词的"我"不是汉字"我"的引申义，而是外来寄存义，持此看法的前辈学者有王国维、叶玉森、李孝定等。朱芳圃《甲骨学文字编》卷十二引王国维说："我字疑象兵器形，训余为借义。"[8]2427叶玉森说："其音当与我近，乃假借为训予之我。"[8]2429李孝定说："契文'我'象兵器

之形，以其柲似戈，故与戈同，非从戈也……卜辞均假为施身自谓之词。许君或说乃引申谊，植兵于地或有倾顿之象也。”[8]2429 第一人称代词的“我”自身没有字形，而是借兵器“我”的字形来书写的。古人为什么要选择表示兵器的“我”字来书写第一人称代词的“我”，应是因为二者“同音”。

汉语贮存新义的方法只有“引申”贮存和“区别字”贮存法两种，而“假借”则完全背离了上述两种贮存新义原则和方法，既无本字可存，也不另造新字，而是借用原有的与之毫不相干的同音字来贮存。本该造新字却不造，这样做的唯一目的就是为了抑制汉字数量的增多。这种用已有同音字来贮存新词新义的方法应该就是许君所说的“假借”法，它属于汉字系统中的“省减法”。

汉语书面语中还有一种“假借”用字法，前人叫作“通假”。通假不属于六书中的“减形法”，因为它纯属于写错字的问题。在当代写错字是绝对不允许发生的，因为它严重违背了汉语用字的规范，必须纠错。当代的纠错任务，需由书刊出版单位的编辑来完成；而传世古籍中用字的错误，则需由文献学家来校勘。因此，无论是编辑修改的错字，还是文献家校勘的错字，都属于“无意”用错的字，跟“有意”借用的“假借字”完全不是一回事。以往学术界纠缠不清的说法，只要这样一划分就泾渭分明迎刃而解了。

“六书”的二元分类关乎六书学的本质问题，马虎不得，需要继续探讨，我们略陈鄙陋，以引发后学争鸣。

参考文献：

[1]（清）顾炎武．音学五书［M］．北京：中华书局，1982.

[2] 何九盈．说文解字论纲序［Z］//钟如雄．说文解字论纲（修订本）［M］．北京：中国社会科学出版社，2013.

[3] 罗振玉．殷虚书契考释三种［M］．北京：中华书局，2006.

[4]（清）王筠．说文释例［M］．北京：中华书局，1987.

[5]（东汉）许慎．说文解字［M］．北京：中华书局，1963.

[6] 徐中舒主编．汉语大字典（修订本）［M］．成都：四川辞书出版社，2010.

[7] 杨树达．积微居小学述林全编［M］．上海：上海古籍出版社，2013.

[8] 于省吾主编，姚孝遂按语编撰．甲骨文字诂林［M］．北京：中华书局，1996.

[9] 钟如雄．说文解字论纲（修订本）［M］．北京：中国社会科学出版社，2013.

《敦煌变文校注》商补四则[①]

王 勇[②]

摘 要 本文对《敦煌变文校注》中的四处校注问题予以补正，有助于敦煌文献的整理和解读，对近代汉语词汇的研究亦有所裨益。

关键词 《敦煌变文校注》 近代汉语 词汇 补注

黄征、张涌泉两位先生合著的《敦煌变文校注》[5]（以下简称《校注》），“反映了敦煌变文被发现近一个世纪以来海内外研究的成果和水平，也反映了校注者在充分吸收前人成果基础上的

① 本文是国家社科基金后期资助项目“近代汉语词汇理据研究”（编号：18FYY034）的阶段性成果。

② 作者简介：王勇（1986—），男，湖北当阳人，四川师范大学副教授、文学博士、硕士生导师，主要从事汉语词汇史研究。

最新见解。”[1] 该书包罗宏富，校注精审，创新之处颇多，霑溉学林无穷。《校注》中亦有少数疏漏或悬而未决之处，程惠新[1]、刘传鸿[8]、赵家栋[23-24]、汪维辉[15]等先生已有补正，对于该书的修订不无裨益。本文就《校注》中尚有未被关注的问题略陈陋见，以就正于方家。

一、塞绍

> 《茶酒论》：“客商来求，船车塞绍。”《校注》：“原校：‘戊卷“塞绍”作“塞闹”。’按：‘塞绍’‘塞闹’皆车船多而壅塞貌，‘塞’即‘塞逼’之塞。‘塞绍’盖为偏义复词。《旧唐书·食货下》：‘入洛即漕路干浅，船艘隘闹。’‘隘闹’‘塞闹’义同。”(427 页)

按：“塞绍”非偏义复词，“绍”有实义，即“连续不断”，是其本义“继承、接续”所蕴含的意义要素。《盐铁论·非鞅》：“伊尹以尧、舜之道为殷国基，子孙绍位，百代不绝。”[17]94《太子成道经》：“大王莫怪，［此］孩子不诏（绍）世间。”[5]437 例中的“绍”都取“接续、继承”义。该义蕴含“连续不断”义，《盐铁论》中“绍”虽为“继承”义，但后文“百代不绝”揭示出该义所蕴含的“连续不断”义。

项楚先生认为：“塞绍：相继。按《说文》：‘绍，继也。’而‘塞’字即口语‘相’之记音。”[20]572 项先生认为“塞”是“相”的记音字，缺乏明证，不可信从，此处“塞”应如《校注》所说，用作“逼塞”义。“塞闹”“隘闹”与“塞绍”同义，“塞”“隘”同为“逼塞”义，说明“塞绍”的第一个语素正是“逼塞”义的“塞”，而非“相”。“闹”为“繁多”义，如张炎《咏杏》诗：“不教枝上春痕闹。”[22]66① 无论是“闹”，还是“绍”，都用于形容车船较多拥塞道路的情景。根据“塞闹”“隘闹”，我们可以断定“塞”并非“相”的记音字。否则“塞闹”等于“相闹”，“车船相闹”便不成话了。与“塞绍”相类的说法有“接踵骈隘”，如《佛说身毛喜竖经》卷三：“是时若男若女，一切人众，知是事已，咸悉奔诣，接踵骈隘，以求瞻睹。”[19]598a“接踵骈隘”与“塞绍”语义结构相同，都是“拥塞（骈隘、塞）+连续（接踵、绍）”，足证“塞绍”的内部结构和意义。

综上，“塞”取“逼塞”义，“绍”取“连续不断”义，共同形容车马络绎不绝壅塞道路的繁忙景象。李斌斌、韩金科将“塞绍”释为“紧密连续拥塞貌”，[7]342 可从。

二、裹手

> 《八相变（二）》：“父王处分宫人，令取太子将来。右左（左右）便于宫中抱得太子，□（将）至仙人前头，踟跪捧与仙人。仙人将仙衣裹（裹）手，把得孩儿，上下占相，即知是佛。”《校注》：“裹，衣川校作‘裹’，‘手’字属下句。黄校：‘裹手’疑为一词，为裹抱之意。待考。”（527 页）

按：衣川先生校“裹”为“裹”，甚确，但“手”不当属下句。《校注》“手”属上，甚确，但“裹手”是短语，义为

① 又如北宋宋祁《玉楼春》词中的名句：“红杏枝头春意闹。”

“将手裹起来”，而非“裹抱”。上揭《八变相（二）》的内容讲的是释迦牟尼出生后，仙人用仙衣裹着手承接他的故事。“裹手”当作“裹手”，有异文为证。《释迦如来成道记注》中有相似内容，作“裹手”：“《瑞应经》云：‘摩耶夫人胎月将满，思游此园。到已，即举右手攀无忧树枝，从右胁而生太子。天帝以天妙衣裹手承接……”[2]209《法华经科注》卷一则作“裹手”，[14]273b《沙弥律仪毗尼日用合参》卷三同。[6]642b

“裹手”一词在内典中用例颇广。佛教戒律规定佛教徒不得储存、接触金银，若不得已必须持拿金银钱币或器物时，需要拿衣服等裹手，避免直接接触。例如《摩诃僧祇律》卷十：“白言：‘好食已尽，今与尊者钱，可于店上易好食。’答言：‘世尊制戒，不听我自手捉钱。汝可以钱系我衣角。’”[4]311a又：“若四月八日及大会供养时，金银塔、菩萨像，及幢幡盖供养具，一切有金银涂者，比丘不得自手捉，使净人捉。若倒地者，当捉无金银处。若遍有金银涂者，当以衣物花等裹手捉。若无物裹手，若像上随有未涂处得捉。”[4]312b

又僧人不得接触女性身体，不得已时须以衣裹手，否则犯僧伽婆施沙罪。如《鼻奈耶》卷三：“有一女人行险峪侧时比丘捉手过，比丘便疑：‘我不犯僧伽婆施沙？’往白世尊。世尊告曰：‘无染着意不犯罪。若复当更有如此者，以衣裹手往捉臂过。’”[25]862b各类用例尚多，不复赘举。

三、会身

《佛说阿弥陀经讲经文（一）》：“遂依臣命，夺邑赏之。

提舍此时，会身不得也。王臣散后，士庶归家，于后别时，乃看陁罗，申其罪过。"《校注》："蒋冀骋校：'"身"当读作"声"。变文中 -n 尾与 -ng 尾常相混……"会声"，做声也。'"（678 页）

按："会声"解作"做声"，尚乏明证。我们认为，"身"用为本义，指身体，"会身"即"会面"。如《诗·小雅·何人斯》："我闻其声，不见其身。"王先谦注："鲁'身'作'人'。"[18]711"不见其身"即"不见其人"。"会身不得"即"会人不得"，亦即"会面不得"，"身"此处代指陁罗，而非借作"声"。引文之前的内容为提舍与陁罗辩论，提舍得胜。大臣建议"夺陁罗之俸与提舍"。引文之后的内容为提舍对陁罗自申罪过，陁罗表示毫不介怀且盛赞提舍。从上下文来看，引文的内容为帝王听取大臣的建议，收回陁罗的俸邑而赏给提舍。此时提舍想与陁罗会面谢罪而不得，于是在王臣士庶散去后，另择时间拜访陁罗，申述自己的罪过。

四、覆踪连黜

《苏武李陵执别词》："于是泣啼相送，渐过峻溪（浚稽）……晓度胡川，覆踪连黜，时降（逢）务（牧）羊客，不见采樵人。"（1202 页）

按：《校注》未注。《敦煌变文选注》云："疑有误，俟校。"[20]1742我们认为，"覆踪连黜"当作"履踪连踵"，由两个同义的动宾结构构成，意谓足迹相连续，即相继、相从、连续不断或紧接着，在引文中可理解为足迹相连续，即一刻不停地赶路。日本僧人凝然所撰《三国佛法传通缘起》卷一中正有“连踵履踪”的说法，其文云：“后代连踵不绝，永世履踪无废。”[10]653b“连踵履踪”表示接连不断，与“履踪连踵”同义。

传世文献中有“履踪”的用例，多用以表示“足迹”，虽与此处用意不同，但不妨碍该词有“前后相接”义。同义换素词“履迹”既有“足迹”义，又有“前后相接”义，① 便是确证。“连踵”也见于传世文献，义同“接踵”“继踵”，如《后汉书·皇后纪序》：“湮灭连踵，倾輈继路。”[3]402

典籍中存在“履”误作“覆”的情况。如《中阿含經》卷一九：“没地如水，履水如地。”[13]553b“履”字同经第三五卷作“覆”[13]651a。仇兆鳌《杜诗详注·八哀诗·故著作郎贬台州司户荥阳郑公虔》：“履穿四明雪，饥拾楢溪橡。”[11]1411《全唐诗》“履”误作“覆”。[12]2354

“踵”有误作“黜”的可能。“重”“黑”相近，“足”“出”的俗写也相近，“黜”又可偏旁换位作“𪑾”，如三国魏杜恕《体论》：“明劝赏，𪑾幽昧。”[21]1292字形与“踵”接近，因此“踵”可误为“𪑾(黜)”。“重”作构字部件时有误作“黑”的情况。如“䣊”误作“黯”。《颜氏家训·书证篇》：“《晋中兴书》：‘太山羊曼，常颓纵任侠，饮酒诞节，兖州号为䣊伯。’此字皆无音训。……顾野王《玉篇》误为黑旁沓。顾虽博物，犹出简宪、孝元之下，而二人皆云重边。吾所见数本，并无作黑

① 前者如唐岑参《长门怨》诗：“绿钱生履迹，红粉湿啼痕。”后者如《三国志·蜀书·杨戏传》：“蹑基履迹，播德芳声。”

者。重沓是多饶积厚之意，从黑更无义旨。”[16]473-474由此可知，部件“重”误作“黑”，导致“䵪”误作“黯”。“出”俗体作“岀”[9]116。“足”作构字部件时俗体作“𧾷”，如“路（路）”“踪（蹤）”“跋（䟦）”“跨（跨）”等。① “岀”“𧾷”形近，“重”可误为“黑”，故“踵”有误作“𪑿”的可能。误将“踵”误书或误认作“𪑿”，然后将其转录为通行体，便写作“黜”。

参考文献：

[1] 程惠新.《敦煌变文校注》评介[J]. 中国语文，1999(6).

[2]（唐）道诚. 释迦如来成道记注[A]//卍续藏经：第130册[Z]. 台湾：新文丰出版公司，1994.

[3]（南朝宋）范晔撰；（唐）李贤等注. 后汉书[M]. 北京：中华书局，1973.

[4]（东晋）佛陀跋陀罗，法显译. 摩訶僧祇律[A]//大正新修大藏经：第22册[Z]. 台北：佛陀教育基金会，1995.

[5] 黄征，张涌泉. 敦煌变文校注[M]. 北京：中华书局，1997.

[6]（清）戒显订阅；济岳汇笺. 沙弥律仪毗尼日用合参[A]//卍续藏经：第106册[Z]. 台北：新文丰出版公司，1994.

[7] 李斌斌，韩金科. 中华茶史·唐代卷[M]. 西安：陕西师范大学出版社，2013.

[8] 刘传鸿. 读《敦煌变文校注》札记三则[J]. 中国语文，2006(2).

[9] 刘复，李家瑞. 宋元以来俗字谱[M]. 北京：中央研究院历史语言研究所，1930.

---

① 异体字材料引自网络版《异体字字典》，http：//dict2. variants. moe. edu. tw.

［10］［日］凝然. 三国佛法传通缘起［A］//大藏经补编：第 32 册［Z］. 台湾：华宇出版社，1986.

［11］（清）仇兆鳌. 杜诗详注［M］. 北京：中华书局，1979.

［12］全唐诗［M］. 北京：中华书局，1960.

［13］（东晋）僧伽提婆译. 中阿含经［A］//大正新修大藏经：第 1 册［Z］. 台北：佛陀教育基金会，1995.

［14］（宋）守伦注；（明）法济参订. 法华经科注.［A］//卍续藏经：第 48 册［Z］. 台北：新文丰出版公司，1994.

［15］汪维辉.《敦煌变文校注》商补二则［J］. 合肥师范学院学报，2010(4).

［16］王利器. 颜氏家训集解［M］. 北京：中华书局，2002.

［17］王利器. 盐铁论校注［M］. 北京：中华书局，1992.

［18］（清）王先谦. 诗三家义集疏［M］. 北京：中华书局，1987.

［19］（北宋）惟净等译. 佛说身毛喜竖经［A］//大正新修大藏经：第 17 册［Z］. 台北：佛陀教育基金会，1995.

［20］项楚. 敦煌变文选注［M］. 北京：中华书局，2006.

［21］（清）严可均校辑. 全上古三代秦汉三国六朝文［M］. 北京：中华书局，1985.

［22］（南宋）张炎. 山中白云词［M］. 北京：中华书局，1983.

［23］赵家栋，付义琴.《敦煌变文校注》识读语词散记［J］. 中国语文，2008(3).

［24］赵家栋.《燕子赋（二）》中“诸问”考辨［J］. 中国语文，2010(1).

［25］（姚秦）竺佛念译. 鼻奈耶［A］//大正新修大藏经：第 24 册［Z］. 台北：佛陀教育基金会，1995.

Four Additional Annotations of *Dunhuang Bianwen Jiaozhu*

Wang Yong

(College of Liberal Arts, Sichuan Normal University, Chengdu 610068, China)

Abstract: *Dunhuang Bianwen Jiaozhu* is a grand work widely considered as excellent work that gathers extensive materials and is edited with great care. However there are still some supple – ments to be made. This article is going to provide an example of correction and supplementary annotation.

Key words: *Dunhuang Bianwen Jiaozhu*; modern Chinese; vocabulary; additional annotations

中古新词“襖”及其类型学考察①

龙　丹②

摘　要　中古汉语时期是汉语词汇史的质变期，新词大量涌现。服饰类的新词“襖（袄）”就是这一时期产生的新成员，这个词和相关身体部位词“膴”关系密切。人体及其部位器官是人类认知世界的基础，用身体部位词语来命名相应服饰名的现象具有类型学上的意义。

关键词　服饰　襖（袄）　类型学

中古汉语时期是汉语词汇史的质变期，在社会动荡、民族大

① 本文是国家社科基金项目“中古汉语新词新义的类型学研究”（编号：14CYY025）的阶段性成果。

② 作者简介：龙丹（1980—），湖南湘潭人，文学博士，中南大学文学院副教授，主要从事汉语词汇史、比较语言学研究。

融合的背景下，涌现出了大量的新鲜事物，当原有的词语不能满足人们精细表达的需求时，新词新语便应运而生了。衣食住行历来都是人们关注的焦点，服饰是人们日常生活中不可或缺的重要组成部分，通过对服饰词的研读，我们可以对当时的社会生活状况有所了解，从而管窥那个时期人们的生活方式。

"襖（袄）"是中古时期产生的新词，指有衬里的上衣。王云路先生在《中古汉语词汇史》中讨论中古时期的单音词新词的时候，明确指出"襖（袄）"是中古时期的单音节新词，是一种新产生的生活物品[10]488－491。《宋书·礼志》："夹毂队不得绛袄，平乘诞马不得过二匹。"又《宋书·夷蛮传·呵罗单国》："此是大家国，今为恶子所夺，而见驱摈，意颇忿惋，规欲雪复。伏愿大家听毗纫买诸铠仗袍袄及马，愿为料理毗纫使得时还。"

"襖"，《汉语大词典》解释为："短于袍而长于襦的有衬里上衣。"[2]《急就篇》卷二："袍襦表里曲领裙。"颜师古注："长衣曰袍，下至足跗。"《玉篇》："襖，袍襖也。"《集韵》："襖，袍也。"既然"襖"的解释和"袍""襦"有关，那我们就应该首先来看看"袍""襦"的意义。袍，中式长衣的通称，其形制不分上衣下裳。也指有夹层、内充棉絮的长衣。《礼记·玉藻》："纩为茧，缊为袍。"郑玄注："衣有著之异名也。纩，谓今之新绵也。缊，谓今纩及旧絮也。"襦，《说文》："短衣也。"长度在腰上。《太平御览》卷六九四"襦"条引《释名》："襦，暖也，言温暖也。"又《急就篇》颜师古注："短衣曰襦，自膝以上。一曰短而施腰曰襦。"这就是说，在腰以上或膝以上保暖的短衣，叫作"襦"。那么，"襖（袄）"则是比"袍"短但又比"襦"长的一种上衣了，而且它还有衬里。

“襖（袄）”这个名称应起于南北朝时期，南朝宋有布衫袄，《宋书·徐湛之传》：“高祖微时，贫陋过甚，尝自往新洲伐荻，有纳布衫袄等衣，皆敬皇后手自作。”北朝北魏有小襦袄，《魏书·景穆十二王传中·任城王云》记载着有关“袄（子）”的故事。太和二十三年正月，高祖还洛，引见公卿。高祖曰：“营国之本，礼教为先。朕离京邑以来，礼教为日新以不?”澄对曰：“臣谓日新。”高祖曰：“朕昨日入城，见车上妇人冠帽而著小襦袄者，若为如此，尚书何为不察?”澄曰：“著犹少于不著者。”①从这个饶有趣味的故事中，我们可以窥见当时北朝的服饰风俗。此后，小袄大袄以其便于劳作、宜于生活而在街市乡里盛行。魏晋南北朝时期的服饰，有两种形式：一为汉族服式，承袭秦汉遗制；一为少数民族服饰，袭北方习俗。汉族和少数民数相互融合，在服饰文化中也留下了变化的痕迹，而这种变化也直接体现在词汇中。此外，我们还可以从“襖（袄）”在古代字典辞书中出现时间的早晚找到佐证，《说文解字》中“襖（袄）”字最初未见，五代徐铉校订《说文解字》，新增添了许多字，“袄”便是其中之一:“袄，裘属。”可见“袄”原本不是汉族自古就有，它出现得较晚。“袄”最初是裘皮上衣，继而是丝絮袄或者麻絮袄（衣中填充丝絮或麻絮），最后棉花普及之时才逐渐有了现代常见的“棉袄”一词。

关于汉语服饰词的来源，黄树先师有非常精辟的阐述，他认

① 胡三省注《资治通鉴·齐纪八·东昏侯永元元年》：“此代北妇人之服也。乘车妇人，皆贵臣之家也……袄，乌浩反，夹衣也……史言魏主汲汲于用夏变夷。”

为汉语的服饰词有一些是根据服饰所在的身体部位来命名的，他列举了大量例子，如"领"来自于脖子；"袼"（"胳"）既指胳膊，又可作衣袖；"袂"表示袖子跟肩膀有关；短衣服的"襦"得名于表示手的"𢇝""臑"；"裤腰"指的是裤子贴近人腰部的地方。[8]我们认为，短于袍而长于襦的有衬里上衣"襖（袄）ʔɑu"同样也和身体部位"膄 tshɑu"有关，《汉语大字典》："膄，同'髇'，腰骨。《集韵》：'髇，腰骨。或作膄。'"[1]髇ʔɑu，"膄"即"腰骨"，"襖（袄）"因身体部位而得名。

从认知的角度而言，从简单到复杂，从自身（包括身体部位器官）到身边那些复杂、不熟悉的事物，这是人类认识世界的重要途径。这种用身体部位词语来命名相应服饰名的现象不仅出现在汉语中，在其他语言中也是普遍存在的，具有类型学的意义。黄树先师《比较词义探索》[7]有大量的例证，如"胸部与胸部衣服、饰物"，"臀部与裤子、裤子的后裆"，"头和帽子"，"脚与鞋袜"，"脚掌与鞋子"，"脚、腿与服饰"，"膝与膝部服饰、饰物"，"胳膊与衣袖"，"手掌与手套"，"身子与衣服"等部分。和汉语"袄"类似，英语中 waist 的意思是"腰，腰部；衣服的腰部，腰"，虽然不是直接以身体部位来命名服饰，但是也涉及服饰的某个部位。同时，以"waist"为词根还构成了一些和衣服相关的词，如①waisted"（形容词）有……腰身的；腰身……的"，例：high - waisteddress 高腰连衣裙。②waistband"衣服腰；腰头；（尤指）裙腰，裤腰"。③waistcoat"（西服的）背心"等。而另外一个词 coat，则表示"外套，外衣，大衣"，如冬天穿的毛皮大衣。该词是从"动物皮毛"义引申而来，也可以看成是从身体部位来命名服饰的方式。以"coat"为词根可以构成 coatdress“（前襟直扣式）女式长服，外套连衣裙”、coatstand“衣帽架”等形式。

法语、西班牙语、葡萄牙语、德语、俄语、意大利语、捷克语等语言中也有不少腰腹部和服饰名相关的例子，如：

法语：①ceinture“腰带；裤腰；古时系在腰部的荷包，钱包；腰部”。②taille“上半身，腰部；（衣服的）腰部；[古] 连衣裙的上半身”。③ventre“腹，腹部”，ventrière“（马挽具）肚带；（妇女用的）腹带”。[6]

西班牙语：①cinta“带子，带状物；[古] 腰，腰带，（马的）肚带”，cinto“腰；腰带”，cintura“腰；（衣服的）腰身；束腰带”，cinturica“束腰带”，cinturilla“（女服的）腰带，裙带；窄束腰带”，cinturón“腰带，皮带；剑带，刀带”。②panza“肚子，腹部”，pañal“（男衬衫的）下摆”。③talle“（人体或衣服的）腰；身材；（智利，女用的）紧身背心，胸衣”。[3]

葡萄牙语：①cinta“裤带；裤腰，裙腰；腰部”，cinto“裤带，腰带；肩带，背带”，cintura“腰部；裤带；（衣服的）腰身”，cingidoiro“裤带，腰带；腰间”。②barrigada“（动物的）内脏”，barrigueira“（马等的）肚带；（巴西）（畜生的）肚皮”。③petrina“[古] 胸部，腰部；皮带”。[5]

德语：Gürtel“腰带；腰部”，Taille“腰；（妇女的）紧身胸衣，背心”，Wamme“动物腹部的毛皮；（德国部分地区）大肚子”，Wams“男短上衣；（13、14 世纪时穿于甲胄内的）上衣，（15 世纪至 17 世纪时）男子紧身上衣”。[13]

俄语：та́лия/taliya“腰部；（衣服的）腰身”。[14]

意大利语：cìntola“腰；腰带”，cintura“腰带；腰部”。[4]

捷克语：pás[1]“腰带，带子”，pás[2]“腰部”。[2]

张敏认为人类由近及远，由实体到非实体，由简单到复杂，由具体到抽象的认知规律，决定着人体及其部位、器官是人类认知世界的基础[11]41。人体是人类认知的出发点，是认知的基本对象，也是认知的工具。我们认为，这也是人类思维的共性的一种表现。

参考文献：

[1] 汉语大字典编辑委员会. 汉语大字典（全八册）[M]. 湖北辞书出版社，四川辞书出版社，1987.

[2] 北京外国语大学《新捷汉词典》编写组. 新捷汉词典[M]. 北京：商务印书馆，1998.

[3] 北京外国语学院西班牙语系《新西汉词典》组编. 新西汉词典[M]. 北京：商务印书馆，2008.

[4] 北京外国语学院《意汉词典》组编. 意汉词典[M]. 北京：商务印书馆，1985.

[5] 陈用仪. 葡汉词典[M]. 北京：商务印书馆，2007.

[6] 陈振尧主编. 新世纪法汉大词典[M]. 北京：外语教学与研究出版社，2008.

[7] 黄树先. 比较词义探索[M]. 成都：巴蜀书社，2012.

[8] 黄树先. 服饰名和身体部位名[J]. 民族语文，2009（5）.

[9] 罗竹风主编. 汉语大词典（全12册）[M]. 汉语大词典出版社，1993.

[10] 王云路. 中古汉语词汇史（上）[M]. 北京：商务印书馆，2010.

[11] 张敏. 认知语言学与汉语名词短语[M]. 北京：中国社会科学出版社，1998.

[13] 张才尧，高年生，张载扬等. 新编德汉词典[M]. 北京：外语教学与研究出版社，2004.

[14] 张建华，裴玉芳，高中音等. 现代俄汉词典[M]. 北京：外语教学与研究出版社，2007.

New Word "Quilted Jacket (襖)" in Middle Chinese and it's Typological Study

Long Dan

(Central South University, Changsha 410083, China)

Abstract: There was a qualitative change of Chinese vocabulary in Middle Chinese. A large number of new word semerged. The new word "襖" (quilted jacket) in dress category was a new member of this period, which was closely related to the body part word "膜". Human body and its organs are the basis of human's cognition. It has typological significance to use body parts words to name the corresponding clothing names.

Key words: dress; quilted jacket; Typology

西汉通西南夷的几个问题及通西南夷大事年表[①]

周及徐

摘　要　关于西汉通西南夷，《史记》记事简略且传抄有讹误，以致今人歧解。唐蒙通南夷和治南夷道的时间是何时？其路线如何？唐蒙和司马相如的头衔是“郎中将”还是“中郎将”？夜郎与汉通后为何又迟滞23年后才归降？兹就以上问题提出新的看法，将结果整理为《西汉通西南夷大事年表》。

关键词　西汉　西南夷　唐蒙　司马相如　夜郎　南夷道　大事年表

---

① 基金：四川省社会科学高水平研究团队“四川方言与地域文化研究”2015—2017年。

本文曾在“南方丝绸之路与中华文化传播研讨会”（2017. 09. 18，成都）发表。

西汉通西南夷，是我国历史上开疆拓土的一个重要事件。中国西南部的疆界（相当于今云贵川三省的大部分地区）从此以后基本形成。对于西汉年间的这个重要事件，史料主要来自《史记》，记载简略，且传抄时有讹误。本文就以下几个问题进行考察。

一、唐蒙入夜郎时间与治道时间

唐蒙入夜郎①时间无异议，当在公元前135年。根据《史记·汉兴以来将相名臣年表》：“（建元六年）正月，闽越王反。”[6]957 闽越即东越。《史记·西南夷列传》：“建元六年，大行王恢击东越②，东越杀王郢以报。恢因兵威使番阳令唐蒙风指晓南越③。南越食蒙蜀枸酱，蒙问所从来。”[6]2265—2266 唐蒙上疏通夜郎，当在公元前135年（汉武帝建元六年）或次年公元前134年。

而唐蒙治道通夜郎的时间，通常认为在武帝元光五年（前130）。此说的根据有二，一是《史记·西南夷列传》叙述，二是《汉书·武帝纪》。先说前一个。在《史记·西南夷列传》叙事中，下述事情一贯而下，连接紧密，仿佛同时发生。“还报，

① 夜郎：古国名，战国至汉时主要在今贵州西部和北部，包括云南东北、四川南部及广西北部部分地区。中心在今贵州省桐梓或遵义。汉时为南夷。

② 据《汉书·武帝纪》，此在建元六年秋八月。

③ 南越：西汉时古国名，也作南粤，古代南方越人的一支。在今广西、广东及越南的北部和中部一带。

乃以为犍为郡①。发巴蜀卒治道，自僰道指牂柯江②。蜀人司马相如亦言西夷邛、筰可置郡③。使相如以郎中将往喻，皆如南夷，为置一都尉，十余县，属蜀。”[6]2266 而司马相如通西夷是在公元前130年，汉武帝元光五年（依据见下）。所以就根据司马相如通西夷的时间，把唐蒙治道通夜郎的时间也拖后到公元前130年。实际上，这段话包含了“唐蒙出使”“治道通夜郎”“相如使西夷”三件事，这三件事是先后发生的，前后相接续约有5年之久。

再说《汉书·武帝纪》的记载。《汉书·武帝纪》元光五年（前130）有“夏，发巴蜀治南夷道”[1]164 8个字，此疑有误，因为以下两点很不合理：1. 公元前135年唐蒙与夜郎王多同会谈，夜郎愿意归附。如此一件开拓南疆的大事，由于唐蒙的计划和努力，达成了协议，“治南夷道”应是迫不及待要办的事，而西汉王朝却在此后的第五年（前130年）才开始修夜郎道，不合情理。2. 如果唐蒙治南夷道在公元前130年，用三年时间不成，读司马相如《喻巴蜀父老檄》可知，司马相如使西夷是在唐蒙治南夷道受阻之后，就当在公元前127年。这与公元前126年（武帝元朔三年）“秋，罢西南夷，城朔方城”[1]171（《汉书·武帝纪》）相矛盾。哪有刚通了又罢的？

① 犍（qián）为郡：治所在僰道（今四川宜宾），属益州。辖境相当于今四川、贵州、云南的部分地区。

② 牂（zāng）柯江：指贵州六盘水的牂舸江。今“牂舸江”指贵州西部六盘水市六枝特区的牂舸江。

③ 邛：古部族名，分布在今四川凉山州地区，从事农业。汉武帝元鼎六年（前111）于此地置越嶲郡，治所邛都，即今四川省西昌市。筰（zuó）：古部族名，汉武帝元鼎六年（前111）置沈黎郡。治所筰都县，在今四川汉源。此二地在汉时为西夷。

忽略《汉书·武帝纪》元光五年“夏，发巴蜀治南夷道”的错记，下面的事情就在时间上合理了。应该是：在会夜郎王之后，唐蒙紧接着就开始修治夜郎道了，用了三年，道未成。“当是时，巴蜀四郡通西南夷道，戍转相饷。数岁，道不通，士罢（疲）饿离湿，死者甚众。”[6]2267（《史记·西南夷列传》）“发巴、蜀、广汉卒，作者数万人。治道二岁，道不成，士卒多物故，费以巨万计。”[6]2300（《史记·司马相如列传》）“今罢（疲）三郡之士，通夜郎之涂（途），三年于兹，而功不竟，士卒劳倦，万民不赡。”[6]2302（《史记·司马相如列传·难蜀父老》）以最后一条文献计，唐蒙治道用了三年时间。此事当在公元前134—130年之间。汉武帝通南夷遇到困难，采纳司马相如的建议，转向了比较易打通道路的西夷。司马相如和他富有的岳父是西蜀本地人，熟悉当地情形。这就成就了司马相如在公元前130年出使西夷，西夷归附。《史记·司马相如列传》此后的叙述表现了通西夷的顺利。“天子以为然，乃拜相如为中郎将，建节往使。……司马长卿便略定西夷，邛、筰、冉駹、斯榆①之君皆请为内臣。除边关，关益斥，西至沫、若水，南至牂柯为徼，通零关道，桥孙水②以通邛都。还报天子，天子大说（悦）。”[6]2300（《史记·司马相如列传》）

按：唐蒙治南夷道持续数年，《汉书·武帝纪》仅在元光五年这一年记“夏，发巴蜀治南夷道”[1]164。如果《汉书》的记载仅是唐蒙治道的最后一年的事情，所有事件就基本前后接榫

① 冉駹（rǎnmáng）：古族名，在今四川茂县、汶川一带。斯榆：古族名，即徙（sī），在今四川天全县一带。汉时为西夷。

② 孙水：今四川省凉山州安宁河。邛都：今四川省西昌市。

了。所以，我们认为司马相如通西夷是在公元前130年（汉武帝元光五年），唐蒙治通夜郎道是在此前的三年之中。

二、唐蒙通夜郎的路线

唐蒙通夜郎包括出使夜郎和修治通夜郎的道路两件事。唐蒙的目标是夜郎、且兰这些可通番禺的地方王国，而不是朱提或滇国。去往南广（今四川高县、筠连）、平夷（贵州毕节）、汉阳（贵州水城）的路线是远离夜郎的，《华阳国志校注》认为唐蒙所行路线可能是后来开以通滇的另一条古道[2]272—278，本文暂不讨论。唐蒙通夜郎的路线，有不少人认为是沿赤水河而上，直至今天的贵州省仁怀附近，然后起水，陆行向夜郎（中心在今桐梓或遵义）。并且认为此路线大部分是水路，行船省力。我们认为这不对：唐蒙队伍不是沿赤水河而上，而是走陆路，有以下几个原因。

1. 赤水不宜古代航船。“而夷狄殊俗之国，辽绝异党之地，舟舆不通，人迹罕至。”[6]2303（《司马相如列传·难蜀父老》）赤水古称安乐水、之水，水流由南向北，形如“之”字，在两山中行走。“溪中怪石嶙峋，奔涛汹涌。”[3]370-371（清乾隆二十七年《合江县志》）赤水河流量受季节限制，不宜行船。唐蒙汉军由北向南向夜郎行进，是逆水而上，古代的船没有动力，必须开辟纤道、雇用纤夫等，故行船是比陆行困难得多的事情。

2. 符关是一个渡口关隘。符关即今四川合江县南关，在合江县城的南门外，位于赤水河北岸。“符关，在县南。”[3]372《史记·西南夷列传》作“巴蜀筰关”，《水经注》卷三十三《江水》："又东过符县北，邪［斜］东南①，鳛部水从符关东北注之。县，故巴夷之地也。汉武帝建元六年，以唐蒙为中郎将，从万人出巴符关者也。"[4]635王念孙《读书杂志 · 史记》据以考之，认为"巴蜀筰关"为"巴符关"之误抄，"筰""符"形近而误，今审之，确不可易。赤水河汇合习水后，江水宽缓平坦，再东北约 1 公里汇入长江（长江在此有一段弯曲），此处便于渡河。古代的行人由川入黔，过了符关，再南渡赤水，走与习水平行的陆路，向东南，指向遵义。

3. 沿习水（古称鳛部水）的陆路。唐蒙入符关后的路线，不是溯赤水（古安乐水、之水）而上，而是过符关，渡赤水，然后走一条大致沿习水的陆路。习水也是由南向北注入赤水后汇于长江，水流量要比赤水河小，在黔北的群山中曲折流淌，亦难于行舟。但是沿河的东岸有一条道路，沿着今天的四川合江县的虎头镇，贵州赤水市的长沙镇、长期镇，在官渡镇渡过习水，南下习水县，再折向东进入夜郎；或者在官渡镇以南，仍一直沿习水河岸，东南进入夜郎国的高原地区。唐蒙的一千精英，以及随行的万人辎重大军，便当是沿习水河沿线的陆路，在南方的密林中前进，开山劈岭，进入到夜郎国的高原地区的。《合江县志》："云门关，在县南五十里，通牂牁，为边隅要险。""石虎关，治东南一百五十里，通云南。关前有石虎，故名。"[3]372古县志列举的这些道路关隘、地点和方向都不在赤水沿线，更证明古代入黔北的道路不走赤水。此路线（以合江到遵义计）约长 200 公里，

① 上海古籍出版社点校本作"又东过符县北邪东南"，"北邪"为地名。我们认为当如此断句，读邪为斜。实际地形考察，长江由西北向东南过合江县城东，城下即是大江，没有名为"北邪"的地方。

至桐梓则约 150 公里。道路并不遥远，只是在南方炎热的密林中开辟道路前进，困难重重。再加上从宜宾到合江的 130 公里长江水路，共约 330 公里。

4. 唐蒙通夜郎治道，改变了第一次出使的线路。这见于《史记·西南夷列传》:“还报，乃以为犍为郡。发巴蜀卒治道，自僰道①指牂柯江。”[6]2266这后面这一句，说明唐蒙修筑到夜郎去的道路时，改变了第一次出使时的路线，不再从符关走，而是从僰道（宜宾）到夜郎，再南下到且兰（今贵州安顺一带）的北盘江（牂牁江），这也是走陆路。但是从僰道起水陆行，一路向东，从今宜宾、兴文、叙永，翻过阻隔的崇山峻岭，出古蔺以东，在上游渡过赤水河，水势不大，比较安全。再到今贵州省仁怀市，就已达夜郎国的山间高原地带了，从此地再到遵义不难。改道的原因，是从成都到宜宾更为近便。同时，宜宾到遵义绕开了黔北的群山丛林，选择自然的地理通道，易于修筑道路。从上游渡过赤水河，要比下游更容易。这大概是唐蒙亲到夜郎国后，当地的向导给他提供的路线，所以他在后来治通夜郎道时改变了第一次出使时的路线。此路（以宜宾到遵义计）约 280 公里，比起上一条路线，少走了 130 公里宜宾至合江的水路。

为了考察汉通南夷道路的实际情况，2017 年 7 月下旬至 8 月初，我们到合江县和赤水河当地调查。时值盛夏，烈日当空，月余不见雨水，暑热蒸郁。气温高达 40 度以上，在室外行走如在烤锅之上。白日街市稀见行人，晚上至早晨气温也不略降。当地人说这是当地气候的常态。我们才知古代治南夷道，众士卒在

---

① 僰道：犍（qián）为郡治所，在今四川宜宾县西南。

这样条件下还要负重劳作，忍饥挨饿，露宿野外，因此才会“罢（疲）饿离湿，死者甚众”。

三、“中郎将”和“郎中将”

《史记·西南夷列传》“使相如以郎中将往喻”有误。《史记·司马相如列传》“乃拜相如为中郎将，建节往使”，[6]2300是。据《汉书·百官公卿表》“郎中令”下：“中郎有五官、左、右三将，秩皆比二千石。郎中有车、户、骑三将，秩皆比千石。”[1]727二者皆属郎中令（武帝太初元年更名光禄勋）。中郎将秩比二千石，地位相当于郡太守。《汉书·百官公卿表》：“郡守，秦官，掌治其郡，秩二千石。……景帝中二年更名太守。”[1]742司马相如本来是郎（武帝的侍从），奉诏出使，天子特命，建节往使。《后汉书·舆服志》：“大使车，立乘，驾驷，赤帷。持节者，重导从：贼曹车、斧车、督车、功曹车皆两；大车，伍伯璅弩十二人；辟车四人；从车四乘。无节，单导从，减半。”[5]3650司马相如至蜀，“太守以下郊迎，县令负弩矢先驱”[6]2300（《史记·司马相如列传》）。以蜀郡众县令充伍伯前导之职，威仪胜于一般的使节。中郎将与蜀郡太守平级，所以太守不在郊迎人员之列。这显赫的仪式也可证明司马相如为中郎将。

另外，司马相如使西夷入成都，乘“高车驷马”，也说明了他的地位。《华阳国志·蜀志》：“（成都）城北十里有升仙桥，有送客观。司马相如初入长安，题市门曰：‘不乘赤车驷马，不过汝下。’”[2]227汉代有严格的舆服制度，不能僭越。太守以上的高级官员才乘驷马车。车有安车与高车之分。安车驾驷马，坐乘，比较舒适，车盖低。《后汉书·舆服志》：“公、列侯安车，朱班轮，倚鹿较，伏熊轼，皂缯盖。”[5]3647为皇室成员与国家高级官吏所乘之车。高车为立乘之车。在正式的礼仪场合和作战的戎车，都是立乘的，车盖高，有气派。《释名·释车》：“高车，其盖高，立载之车也。”民间私家的车马只能是轻便的轺（yáo）车，一马或二马。卓王孙家财万贯，也不能拥有马车，“贾人不得乘马车”，[5]3648只能“因宾客献牛酒以交欢”，即以司马相如门下宾客的身份献上礼物，面叙交情。司马相如作为武帝特命的使臣，领中郎将衔，远征西夷，路过成都，高车驷马，皂盖朱幡，显示了汉家天子使节的威严。今成都市老北门外有历史悠久的“驷马桥”，正是当地纪念此事的物证。

又，司马相如曾奉旨往巴蜀“责唐蒙”（《史记·司马相如列传》），亦见司马相如地位高于唐蒙。唐蒙的地位于以下可见：“相如为郎数岁，会唐蒙使略通夜郎西僰中。”《史记索引》：“张揖曰：‘蒙，故鄱阳令，今为郎中，使行略之。’”[6]2298郎中将秩比千石，地位低。由番（鄱）阳令（秩一千石到六百石）召为郎中，是合理的。《史记》和《汉书》中的《喻巴蜀檄》皆作“故遣中郎将（唐蒙 ）往宾之”，亦误，当为“郎中将”。他书作“（唐蒙为）中郎将”者（如《汉书》《水经注》），皆承《史记·西南夷列传》之误，当从《史记·司马相如列传》正。

四、唐蒙通南夷23年后夜郎归降

唐蒙通南夷后六年，公元前129年，武帝元光六年，夜郎与汉通邮。这标志着双边有了一定的商贸、政事往来。《史记·西南夷列传》“上罢西夷，独置南夷、夜郎两县一都尉”下《集解》:“徐广曰：元光六年，南夷始置邮亭。”[6]2267此后十四年，公元前115年，汉武帝元鼎二年，西汉建符县（今合江县），标志着与南夷等国往来频繁，需要有控制边境秩序、缴纳税赋的商贸关口。公元前112年，汉武帝元鼎五年，夜郎王入朝。此在唐蒙通夜郎后已经二十三年。

自唐蒙通夜郎的二十多年间，汉王朝与夜郎通使、通邮，通商，置吏通政，夜郎仍怀有贰心，不甘心臣服。直到西汉大军荡平反叛的南越、且兰，邻国对抗西汉王朝，下场悲惨，夜郎王大惊恐，这才死了独霸一方称王的心，彻底归汉降服。通南夷之功首推唐蒙，而平定南夷之功，则唐蒙未竟。要待汉朝国力强盛，南越等诸国平定之后，夜郎才不得不降①。夜郎之后，滇王也于两年后在西汉的兵威下归降。至于司马相如，则协助通南夷，南夷遇阻，又通西夷、平西夷，一蹴而就，身兼数功。西夷之所以顺利平定，在于司马相如看到西夷众君长没有与汉为敌的大国在背后怂恿离间，宣扬大汉国力，晓以大势，则众西夷纷纷向慕归化。总而言之，国势强盛，武力平定敌视汉王朝的南方大国，是西汉统一西南诸夷的大背景。

司马迁为司马相如立传，而不为唐蒙立传（附见于《西南夷列传》中），并不全是凭了司马相如文学词章的成就。在开拓中国西南边疆这件大事上，司马相如功绩卓著，太史公的如椽史笔权衡公允。微相如，巴蜀其为中国之边陲矣！

---

① 公元前28—25年，牂牁郡太守陈立灭掉夜郎王兴，夜郎并入牂牁，已经是西汉王朝的内部政区变化了。

根据本文考察，列出下表。

西汉开通西南夷大事年表（前后共25年）

公元前135年	汉武帝建元六年	大行王恢征讨东越，番（鄱）阳令唐蒙使南越，尝蜀地所出枸酱，知夜郎临牂柯江，通南越。
公元前135年（或公元前134年）	汉武帝元光元年（或次年）	唐蒙从长安出发，经过蜀、犍为、巴，从符关（今合江县南关）入，到达夜郎。唐蒙在行军至夜郎途中，执行军法，诛杀参加转运补给的土著人首领，引起巴蜀人民骚动。汉武帝派遣司马相如前往当地责备唐蒙，安抚巴蜀人民。“相如为郎数岁，会唐蒙使略通夜郎西僰中，发巴蜀吏卒千人，郡又多为发转漕万余人，用兴法诛其渠帅，巴蜀民大惊恐。上闻之，乃使相如责唐蒙，因喻告巴蜀民以非上意。”[6]2298（《史记·司马相如列传》）此事件根据司马相如所作《喻巴蜀檄》（《史记·司马相如列传》）“还报，乃以为犍为郡”[6]2266（《史记·西南夷列传》）。
公元前134—130年	汉武帝元光元年至元光五年	从夜郎还后，唐蒙开始自僰道（今宜宾）治通夜郎道，三年不成。“发巴蜀卒治道，自僰道指牂柯江。”[6]2266（《史记·西南夷列传》）“（责唐蒙后）相如还报。唐蒙已略通夜郎，因通西南夷道，发巴、蜀、广汉卒，作者数万人。治道二岁，道不成，士卒多物故，费以巨万计。蜀民及汉用事者多言其不便。”[6]2300（《史记·司马相如列传》）“因通西南夷道”疑衍“西”字，当时司马相如还没有通西夷，更不会提前去修西夷道。

公元前130年	汉武帝元光五年	唐蒙治道三年，汉通南夷受阻，汉转而向西，派司马相如使西夷。出发之前，受到蜀长老等人的反对，司马相如作《难巴蜀父老》，其中说："今罢（疲）三郡之士，通夜郎之涂（途），三年于兹，而功不竟，士卒劳倦，万民不赡。"[6]2302（《司马相如列传·难巴蜀父老》）据此可知，司马相如使西夷在唐蒙治南夷道后三年，当约公元前130年。"是时邛、筰之君长闻南夷与汉通，得赏赐多，多欲愿为内臣妾，请吏，比南夷。天子问相如，相如曰：'邛、筰、冉駹者近蜀，道亦易通，秦时尝通为郡县，至汉兴而罢。今诚复通，为置郡县，愈于南夷。'天子以为然，乃拜相如为中郎将，建节往使。副使王然于、壶充国、吕越人驰四乘之传，因巴蜀吏币物以赂西夷。"[6]2300（《史记·司马相如列传》）"蜀人司马相如亦言西夷邛、筰可置郡。使相如以郎中将（按：当为中郎将）往喻，皆如南夷，为置一都尉，十余县，属蜀。"[6]2266（《史记·西南夷列传》）
公元前129年	汉武帝元光六年	南夷始置邮亭。
公元前126年	汉武帝元朔三年	"是时方筑朔方以据河逐胡，（御史大夫公孙）弘因数言西南夷害，可且罢。""罢西夷，独置南夷、夜郎两县一都尉。"[6]2267（《史记·西南夷列传》）《汉书·西南夷两粤朝鲜传》作："罢西夷，独置南夷两县一都尉。"[1]3840（元朔三年）"秋，罢西南夷，城朔方城。"[1]171（《汉书·武帝纪》）此时，汉王朝专力对北方匈奴用兵，暂停了对西南夷的开发。

公元前122年	汉武帝元狩元年	张骞建议遣使寻求身毒国，“于是天子乃令王然于、柏始昌、吕越人等，使间出西夷西，指求身毒国。至滇，滇王尝羌乃留。为求道西十余辈，岁余，皆闭昆明，莫能通身毒国。”[6]2267（《史记·西南夷列传》）时隔仅5年，西汉又重开西（南）夷，止于滇国（此在司马相如卒前5年）。
公元前118年	汉武帝元狩五年	司马相如卒。
公元前112年	汉武帝元鼎五年	“三月中，南越相嘉反，杀其王及汉使者。”“卫尉路博德为伏波将军，出桂阳；主爵杨仆为楼船将军，出豫章：皆破南越。”[6]963（《史记·汉兴以来将相名臣年表》）西汉灭南越。
公元前111年	汉武帝元鼎六年	汉灭且兰①。南越、且兰灭后，夜郎王失去依傍，乃入朝受印。以且兰、夜郎地为牂牁郡②。
公元前110年	汉武帝元封元年	汉武帝听从司马相如建议，礼中岳，封泰山，禅梁父。下诏改元，以十月为元封元年（此在司马相如卒后8年）。
公元前109年	汉武帝元封二年	滇王降，赐金印，复长其民。以其地为益州郡（此在司马相如卒后9年。此后自汉武帝终又22年，南疆无事）。（《史记·西南夷列传》[6]2268）

① 且兰（jū lán）：又称头兰，战国至汉初古国，有今贵州都匀、福泉、黄平、贵定一带，中心在安顺宁谷，汉灭之，辟为牂牁郡。

② 西汉牂牁郡，管辖今贵州省大部及广西、云南部分地区，郡治在今贵州省安顺市宁谷镇。汉武帝元鼎六年（公元前111年）置。

附：唐蒙通夜郎路线图

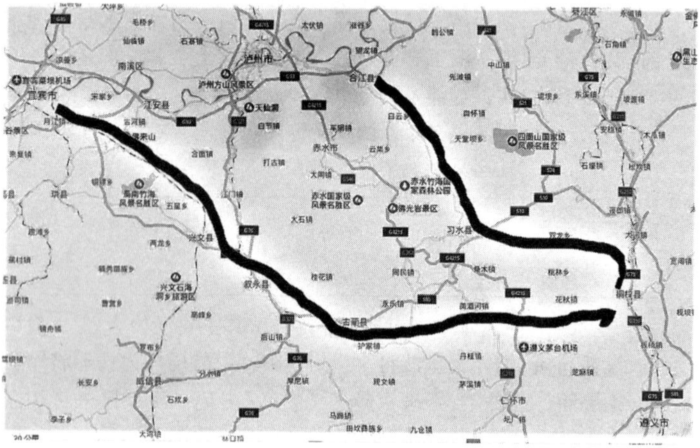

上一条线为唐蒙出使路线，符关（今四川合江县）至夜郎（以桐梓遵义为中心的地区[7]）；下一条线为唐蒙治通夜郎道路线，僰道（今宜宾，在图左）至夜郎。整个黔北高原皆为夜郎国区域。——川黔交界地区地图截自百度地图

参考文献：

[1]（东汉）班固．汉书［M］．北京：中华书局，1962.

[2]（西晋）常璩撰；刘琳校注．华阳国志校注［M］．成都：巴蜀书社，1984.

[3]（清）合江县志［M］．故宫珍本丛刊：第 210 册，乾隆二十七年.

[4]（北魏）郦道元撰；陈桥驿点校．水经注［M］．上海：上海古籍出版社，1990.

[5]（西晋）司马彪；（梁）刘昭注补．后汉书［M］，北京：中华书局，1965.

[6]（西汉）司马迁. 史记 [M]. 上海：上海古籍出版社，1997.
[7] 王德埙. 唐蒙自符关入夜郎考——兼论相关的旅游线 [J]. 贵州大学学报（社会科学版），2007.

Several Problems of Opened Southwest Yi in the Western Han Dynasty and the Chronology of Events

Zhou Jixu

(College of Liberal Arts, Sichuan Normal University, Cheng Du 610068, China)

Abstract: On the opening the Southwest Yi in Western Han Dynasty, *Shi Ji* (*Historical Records*) had brief notes and the manuscript had errors, so that contemporary people misunderstanding. The following questions are investigated in this paper: When did Tang Meng opened diplomacy with Nan Yi and built the way to Nan Yi? What are their routes? Are the titles of Tang Meng and Sima Xiangru "Langzhong General" or "Zhonglang General"? And why did Yelang Kingdom agreement with Han, but surrender at the twenty-three years later? Put forward new views on the above questions, and the results are arranged as the Chronology of the events of the Western Han Dynasty and Southwest Yi.

Key words: Western Han; Southwest Yi; Tang Meng; Sima Xiangru; Yelang; NanYi Way; Chronology

走进四川话[①]

——评《岷江流域方音字汇——20 世纪四川方音字汇之一》

周亚欧[②]

摘　要　《20 世纪四川方音大系》计划收入当代四川省内各市县(区)约 120 个有代表性的方言点的字音和音系，是最近十几年来我们方言语音田野调查的积累和整理，分三个部分整理出版，分别为“岷江流域方音字汇”“嘉陵江流域方音字汇”和“金沙江流域方音字汇”，是继《四川方言调查报告》《四川方言音系》之后，四川方言研究领域的又一部宝贵资料。

关键词　西南官话　四川地区　田野调查　方音字汇

---

①　资助基金：国家哲学社会科学后期资助课题“岷江流域方音字汇”（项目号 17FYY004）。

②　作者简介：周亚欧（1992—），四川师范大学语言学博士研究生，研究方向：历史言学、汉语方言学。

在普通话盛行全国的今天，就是在不管走到哪儿都爱说家乡话的四川，方言的走势也不容乐观。老一代的说起了川普，新一代的更是说起了一口标准而流利的普通话。方言要保护，且迫在眉睫。古代的方言是怎样的暂且不说，即便是一两百年前的成都话，我们也弄不清楚，只能凭间接的方式去考证、拟测它的读音，很是艰难。方言是伴随我们几千年、老祖宗一代代传下来的东西，且不要说它在语言和文化方面对于我们的重要意义，不经意地扔了它，与败家子何异。为了不让后代像我们这样，对前人的方言知之甚少，我们需要在专门的理论和知识的指导下，利用现代科学手段将现在的方言及时保存下来，让它既能作为资料提供给语言研究，又能服务于大众，传承方言、留住乡音，让若干年后，四川人给儿孙讲当地方言，有凭、有据、有权威参考。《20 世纪四川方音大系》就是这样一部书，让我们完成了应该做、而且必须做的工作。该书由四川师范大学周及徐教授和他的方言研究团队编写，第一部《岷江流域方音字汇》[6]于 2019 年 3 月出版。

《20 世纪四川方音大系》计划收入当代四川省内各市县（区）约 120 个有代表性的方言点的字音和音系，是最近十几年来我们方言语音田野调查的积累和整理，分三个部分整理出版，分别为“岷江流域方音字汇”“嘉陵江流域方音字汇”和“金沙江流域方音字汇”。本书为《20 世纪四川方音大系》的第一部分“岷江流域方音字汇”，收入四川省岷江中游流域的 40 个汉语方言点。每市县（区）一般选 1 点，本地方言差别明显者增加选点。所收方言范围以地理位置邻近和方言关系密切，不完全按照行政区划，主要为岷江流域地区。本书方言点的地区今大致属于成都市、眉山市、乐山市、雅安市、内江市、自贡市和泸州市等地，主要是北方方言区西南官话次方言区的方言。它比较详细地将我们的四川方音记录、保留下来，让无论处于哪个时代、哪个地方的人，都能迅速查到某一地点四川方言语音。“岷江流域方音字汇”“嘉陵江流域方音字汇”和“金沙江流域方音字汇”，这三册合起来可以全面展现现代四川方言的语音状况。

“岷江流域方音字汇”共有四川省 40 个方言点的字音，每点 3058 字，都是周及徐教授及他的方言研究团队调查得来的第一手资料。调查始于 2007 年，在十多年的时间中，相继得到校级、省级和国家级相关课题的支持，使方言调查和研究得以持续进行。所有录音都是在当地采集，与当地发音人合作，实地调查录制而成的。各方言的发音合作人基本上是当地土著的老年男性，在当地为老方言的代表，录音时年龄多在 60 岁以上。由于近年来各方言城区话受普通话和省城话（成都话）影响渐多，故发音合作人有的选自当地乡镇。从以上因素来看，此书所记大约是 20 世纪中前期的方音。保证调查质量的另一个办法是，选择熟悉本地方言的人去调查，通常是熟悉当地方言的汉语言文字学的研究生。调查采用笔记本电脑和外置声卡及耳麦录音，利用计算机软件（例如潘悟云教授等人开发的“斐风”语言调查系统）来提高记音和音系归纳的准确性，并建立了语音资料数据库。此书的编写者们每人负责数个方言点的语音校听和音系归纳，经过反复多次的讨论，包括核对当地语音、参考相关资料，整理出现的问题，最后由主编周及徐教授审核检查各点的记音及音系说明，本书提供的资料经过反复核查和校对。

“岷江流域方音字汇”主要参考了北京大学中文系编写的

《汉语方音字汇》[2]的模式，并在此基础上做了一些改进。它包括语图、音系说明和字音表。[8]语图可以配合音系说明，作为一个较为直观的辅助说明。[9]音系说明这个部分可以让读者更清晰地了解到该点方言的语音特征，还包括一些新、老派语音，城、乡语音各自的特征，等等，对该点的语音面貌有一个相对全面的描写。字音表内部又包含了几个部分，反切、拟音提供历史语音信息，字音提供现代方言语音形式，字音下有文白、新旧、口语、俗语和注释，提供一字多音的信息和解释。所以这不仅是简单地呈现一个方言点的字音，也提供了不少可以供语言研究的材料。一方面中古拟音和现代音，文白、新旧可以让读者从纵向上分析该点不同时间维度的历史层次，另一方面40个点排列在一起可以让读者从横向上对比分析，而实际上，呈现在地理上的语音差异也是一种历史层次的反映，这样既可以分析其中某一个片区，如乐山、眉山、峨眉等，又可以分析整个岷江流域地区的方言，之后待其两部姊妹篇发行后还可以将全部120个点一起做比较分析。[4][5][7]因此，“岷江流域方音字汇”不仅仅是一部资料性的工具书，更是一部让我们深入了解四川方言的铺路石，是继《四川方言调查报告》（中国台北“中央研究院”历史语言研究所，1984年）[3]、《四川方言音系》（四川大学中文系，1960年）[1]之后，四川方言研究领域的又一部宝贵资料。

此书有以下特点：

一、目标明确，旨在记录20世纪中前期的四川方言语音。

二、调查规模遍布四川各个县市，全面记录了四川地区的语音面貌。

三、所选的发音人经过了严格的筛选，由熟悉当地语音的硕士研究生或博士研究生进行调查，最后再由周及徐教授校听，所得的调查资料是真实的第一手的资料，包括录音和纸笔记音两部分。

四、由编写团队进行二次校订和补充，材料的可靠性得到提高。

五、书中包括新、旧、口语等音，因此无论是中老年人还是年轻人，都能找到自己熟悉的读音。例如“杏”，有很多方言点都有两读，年轻人一般都读了“信”［ɕin2］，而老一辈普遍读“恨”［xen2］；又有的年轻人已经没有入声了，而老一辈还保留了入声的特点。又如“镯”，以彭州话为例，年轻人读“作”［tso5］，老一辈读“触”［tsu5］；以洪雅话为例，例如“诺”，年轻人把这个字读作去声“懦”［no4］，而老一辈保留了入声，读“啰”［no5］；例如“赤”，以成都话为例，年轻人一般和普通话一样读作去声，读同“次”［tsɿ4］，而老一辈保留读同“迟”［tsɿ2］，所以说“赤道”的时候，听起来像“迟到”。笔者从前中学的时候，有一位老师说普通话的时候会有特别的口音，比如“端点”听起来像“单点”，那个时候只知道不是成都本地的口音，但说不上具体是哪个地方的；现在通过方音字汇，我们可以知道可能是崇州、眉山或者乐山一带的方言，而现在年轻人已经改读 -uan 了。这就是为什么老一辈总是觉得年轻人说的方言已经不地道了，而年轻人总觉得老一辈跟自己说的是不一样的话，体现出这种新老、文白等的不一致，也是音汇的一大亮点。

六、保留了原汁原味的地道方言，有些方言点正处于演变的过程中，所以存在一些特别的现象。如内江点有少部分精组字读了翘舌音，如“宋”字［ʂoŋ4］，这不一定是整个内江这一时期的特点，但确实是一种值得关注的现象。又如青神、威远的“琼”字，撮口呼读入了齐齿呼［tɕhin2］，这种情况的例字虽不多，但也都按语言事实本身一一记录了下来。再如合江“踊”“涌”的读音［zoŋ3］，也是符合语音演变规律的。眉山“宏”“红”“鸿”有［xoŋ2/xuaŋ2］两读，隆昌“缺”“月”等山摄合口三、四等字撮口呼读齐齿呼，等等。而音汇没有放过这些有价值的观察点，是难能可贵的。

此书也存在一些不足之处：

一、所选方言点不能概括整个地区的所有语音特征，因为每一个点下面的乡镇也有不同之处，因此这本书只能代表每一个方言点总的语音特征，而不能反映每一个方言点下面所包含的所有语音特征。

二、对个别语音的记录还存在着一些欠缺。特别是音系说明的最后一条，是对该方言点所存在特征的一个简要概述和提炼，如：眉山话蟹、山、臻摄合口端系部分字，乡下保持旧音一般读开口，城里人和年轻人则改读合口；“对” tei4（旧）> tuei4（新）、“端”tan1（旧）> tuan1（新）、“顿”tən4（旧）> tuən4（新）；宕江摄开口细音字，乡下一般读 -iɐn 韵，城里人和乡下年轻一代开始出现 -iaŋ 韵，表现在“江、讲、详、仰”等字。这类对特征的提炼、概述稍显简略。其中，有的特征是所有方言点普遍存在的，比如入声字受强势方言的影响归入了其他声调，入声韵的消失等，可以略讲。而本地与众不同的特征就可以多点介绍，比如荣县咸山摄细音字读 -in、-yn 韵，“天”读“听”，“元”读“云”；天全话部分青少年将“定”“天”等字的声母读作 t-、th-，而老年人以及大部分中年人则读作 tɕ-、tɕh-，

“天”读“千”，“定”读“静”。像这类可以再深入挖掘一下，让读者能够对当地方言有个较清晰的初步认识。

三、列举新旧读、文白读以及口语音是本书的一个特点，但仍可以补充。比如隆昌的“被”字只有［pei4］一个音，但是根据相邻的点和其他隆昌人来看，还应有［pi4］这个音；又如雅安的“晏”只有［iɛn4］这个音，应该还有［ŋan4］；都江堰河西“研”只有［iɛn1］，是否还有［ȵiɛn1］的读法，等等，都是这本书给我们留下的可以再次被挖掘的点。

四、考虑到了有些字有音无字的情况，四川地区特色的例字列举不足。例如：成都“［tsuai1］瞌睡”的第一个字，“脑壳有点［mu4］”的最后一个字，考不定本字而未列。

从最初的调查再到后期的整理成书，历时12年，这本书耗费了周及徐教授和他的四川方言研究团队巨大的心血。相信有缘读到这本书的人都会有所收获。也许是找到一个值得研究的论题，也许是印证一个方言的字词，也许是对四川方言的某些习惯说法的补充。后一件事情，是作者特别欢迎的。在此向不辞辛劳为方言做出贡献的人们表示感谢，也对积极支持调查工作的发音人们表示感谢。总而言之，想要了解四川方言，这本“岷江流域方音字汇”以及后续的“嘉陵江流域方音字汇”和“金沙江流域方音字汇”是你不得不读的四川方音大全，它带领我们走进四川话。

参考文献：

［1］四川方言调查工作组. 四川方言音系［J］. 四川大学学报，1960（3）.

[2] 王福堂. 汉语方音字汇 [M]. 北京: 语文出版社, 2003.

[3] 杨时逢. 四川方言调查报告 [M]. 台北: "中央研究院" 历史语言研究所, 1984.

[4] 周及徐. 从移民史看四川方言的分布和历史 [J]. 语言研究, 2013(1).

[5] 周及徐. 从语音特征看四川重庆"湖广话"的来源——成渝方言与湖北官话代表点音系特点比较 [J]. 四川师范大学学报, 2012(3).

[6] 周及徐等著. 岷江流域方音字汇——20 世纪四川方音大系之一 [M]. 成都: 四川大学出版社, 2019.

[7] 周及徐. 南路话和湖广话的语音特点——兼论四川两大方言的历史关系 [J]. 语言研究, 2013(1).

[8] 中国社会科学院语言研究所. 方言调查字表 [M]. 北京: 商务印书馆, 2016.

[9] 朱晓农. 语音学 [M]. 北京: 商务印书馆, 2010.

To know about Sichuan dialects

Zhou Ya'ou

(Sichuan Normal University Chengdu 610066, China)

Abstract: *Minjiang River Basin Dialect Syllabary*: 20th *Century Sichuan Dialect Phonologies*, *Volume* 1 is planned to include about 120 representative dialects pronunciation and phonologies in various cities, counties and districts of contemporary Sichuan Province. It is the accumulation and collation of our fieldwork on dialect phonology in the past ten years. It will be published in three parts, namely,

Minjiang River Basin Dialect Syllabary, *Jialingjiang River Basin Dialect Syllabary* and *Jinsha River Basin Dialect Syllabary*. After the *Sichuan Dialect Survey Report* and *Sichuan Dialect Phonology*, “Sichuan Dialect Series of the 20th Century” is another valuable work in the field of Sichuan Dialect Research.

Key words: Southwest Mandarin; Sichuan Area; fieldwork; dialect phonology

段玉裁《说文解字注》义例辑略（一）

杜道生　编著

【編者按】　杜道生先生（1912—2013），四川樂山人，四川師範大學教授。杜先生教授漢語言文字學五十多年，於《説文解字》特用功力。杜先生積四十多年讀段注之力，撰《段玉裁〈説文解字注〉義例輯略》，盡收段氏書中條例發凡之處519條，手抄匯輯成册，曾在川師《漢語大字典》編寫組内部使用。今以杜先生手抄稿複印本爲底本繁體排印，於本刊連載，以饗讀者。四川師範大學文學院2015級10班王睿、潘美和2016級11班李若涵同學協助本文録入，2017級研究生王欣璐協助校對，在此表示感謝。

前　言

“義例”一詞，見册内之352條，及374、395。

此爲讀注摘録，主觀綴集，未投鑽研之工夫，只有抄寫之瑣事。一九七九年，經四川師範學院副院長冉友僑教授，即《漢語大字典》副主編、四川第二編寫組組長，與副組長方夏講師看到後，曾在本編寫組油印二百多份，供組内使用。

近三年時間，僅增補按注少許部分，記在底稿上。在使用中，擬了“分類檢閲表”。這次隨墨書之稿掃描印製，大抵與油印稿相同。現在《説文段注》廣泛發行，謹以此稿相助學習，亦爲川師中文系漢語言文學研究室積累資料之一。

杜道生抄録　《漢語大字典》四川第二編寫組印

一九八二年三月

分類檢閲表

從十五篇叙文抄起，再從一篇至十四篇。

一條之内談到幾個條例，號碼因出現幾次。

一、本字本義

1 15 36 45 50 51 58 101 161 184 209 238 261 264 292 310 317 321 331 333 340 343 348 352 357 358 265 373 382 383 385 388 394 396 399 401 405 410 411 413 414 415 418 427 435 441 442 452 455 457 458 467 470 489 493 497 500 503 509 514 518

二、古今字

51 131 175 192 194 196 202 204 206 221 222 229 231 260 265 284 286 288 299 305 319 323 326 353 357 373 375 376 394 412 427

十七、合二字成文

104 141 157 234 257 258 375 398 399 409 439 476 479 484

十八、附見之例、難定正體或體

109 113 281 290 299 313 314 392 463 464

十九、析言、渾言

158 459 468

二十、複字

119 135 385 390 419

二十一、言“許書之義例”

352 374 395

二十二、稱“一曰”例

78 83 91 139 145 180 193 197 199 213 233

二十三、言令

102 307 316 321 329

二十四、言所以

198 216 224 248 304

二十五、言詈、言意

171 246 267 371 383 494

二十六、言“某之言某”

9 87 350 389 415 434 439 下補 440 486

二十七、言猶

10 174 204 207 239 283　言亦 106

二十八、古書“也”“皃”二字多爲互譌

123

二十九、或因形近相借

126 200

三十、地名

142 147 160 162 202 316 319—329 420 422 424—428 433 466

三十一、糾許

151 176 183 295 296 348 445 447 460 471 475 493 499

三十二、訂徐

74 100 423

三十三、改動

90 168 169 235 324 471 501

三十四、山海經有出於漢人者

431

摘録《説文釋例·序》一段　　王筠　字菉友

今天下之治説文者多矣，莫不窮思畢精以求爲不可加矣。就吾所見論之，桂氏未谷《説文義證》，段氏茂堂《説文解字注》，其最盛也。桂氏書徵引雖富，脈絡貫通，前説未盡，則以後説補苴之，前説有誤，則以後説辨正之。凡所偁引，皆有次弟，取足達許説而止。故專臚古籍，不下己意也，讀者乃視爲類書，不已眯乎！惟是引據之典，時代失於限斷，且泛及藻績之詞，而又未盡加校改，不皆如其初恉，則其蔽也。段氏書體大思精，所謂通例，又前人所未知。惟是武斷支離，時或不免，則其蔽也。

摘録《説文句讀·序》一段　　王筠　字菉友

余平生孤行一意，不憙奪人之席，勦人之説，此《説文釋例》之所爲作也。自永元以至今日，凡千七百餘年，顔黄門一家數世皆精此業，而未有傳書。二徐書雖傳，多涉艸略，加以李燾亂其次弟，致分别部居之脈絡，不可推尋。故博極群書之顧亭林，衹見《五音韻譜》，以其雜亂無章也，時時訾謷之。苟非段茂堂氏，力闢榛蕪，與許君一心相印，天下亦安知所謂《説文》哉！惟既創爲通例，而體裁所拘，未能詳備。余故輯爲專書，與之分道揚鑣，冀少明許君之奧旨，補茂堂所未備，其亦可矣。

一九八二年三月抄

段注《説文解字》所發義例輯略

樂山　杜高厚道生　鈔録

一九七七年二月于川師中文系

1. 君子所㠯施禄及下，居德則忌也。

段注：居德，依許字例，當作凥悳，而不必改正者，十四篇皆釋造字之恉，其説解必用本義之字而不用叚借。有爲後人所亂者，則必更正之。敘則許所自製之文，不妨同彼時通用之字，亦使學者知古今字詁不同。故知敘字不必同十四篇字也。(《説文解字注・敘》，第754頁上)

按：此段氏自創之例，通貫全書。

2. 字者，言孳乳而寖多也。

段注：許君某部言文若干，謂篆文。言凡若干字，謂説解

語。是則古篆通謂之文，己語則謙言字也。(《説文解字注 · 叙》，第 754 頁上)

3. 先㠯六書。

段注：六書者，文字、聲音、義理之總匯也。有指事、象形、形聲、會意，而字形盡於此矣。字各有音，而聲音盡於此矣。有轉注、叚借，而字義盡於此矣。異字同義曰轉注，異義同字曰叚借。有轉注而百字可一義也，有叚借而一字可數義也。字形字音之書，若大史籀著大篆十五篇，殆其一耑乎？字義之書，若《爾雅》，其冣著者也。……指事、象形、形聲、會意四者，字之體也；轉注、叚借二者，字之用也。(《説文解字注 · 叙》，第 755 頁上)

4. 二（上）二（下）是也。

段注：指事之别於象形者，形謂一物，事晐眾物，専博斯分。故一舉日月，一舉二（上）二（下），二二所晐之物多，日月衹一物。學者知此，可以得指事、象形之分矣。(《説文解字注 · 叙》，第 755 頁上)

5. 日月是也。

段注：有獨體之象形，有合體之象形。獨體如日月水火是也。合體者，从某而又象其形，如睂从目而以𠃜象其形；箕从竹而以𠀠象其形；衰从衣而以林象其形；𤰝从田而以𠃬象耕田溝詰屈之形是也。獨體之象形，則成字可讀；軵於从某者不成字，不可讀。説解中往往經淺人删之。此等字半會意、半象形，一字中

兼有二者。會意則兩體皆成字，故與此别。(《説文解字注·叙》，第755頁上)

6. 江河是也。

段注：其（形聲之）别於指事、象形者，指事、象形獨體，形聲合體。其别於會意者，會意合體，主義；形聲合體，主聲。(《説文解字注·叙》，第755頁下)

7. 㐅信是也。

段注：凡會意之字曰从人言、曰从止戈，人言、止戈二字皆聯屬成文，不得曰从人从言、从戈从止。而全書内往往爲淺人增一从字，大徐本尤甚，絶非許意。然亦有本用兩从字者，固當分别觀之。(《説文解字注·叙》，第755頁下)

8. 考老是也。

段注：許云：考者，老也；老者，考也。舉其切近著明者言之。其他若初、才、首、基、肁、祖、元、胎、俶、落、權輿等字之皆爲始，未嘗不義同《爾雅》也。有參差其辭者，如初下曰始也，始下曰女之初也。同而異、異而同也。有綱目其辭者，如䛐爲意内言外，而㢭（矧）爲兄（況）䛐，者爲别事䛐，魯爲鈍䛐，曾爲䛐之舒，尒爲䛐之必然，矣爲語已䛐，乃爲䛐之難，是也。(《説文解字注·叙》，第756頁上)

9. 考老是也。

段注：有云之言者，如孔子云：貉之言貉，貉，惡也。狄之

言淫辟也。是也。凡經傳内云之言，亦云之爲言者，視此。(《説文解字注 · 叙》，第 756 頁上)

10. 考老是也。

段注：有云猶者，如不下云：一，猶天也。爾下云：麗爾，猶靡麗也。本下云：大十，猶兼十人也。苟下云：勹口，猶慎言也。粦下云：玨，猶齊也。是也。凡傳注中云猶者，視此。(《説文解字注 · 叙》，第 756 頁上)

11. 考老是也。

段注：有以叚借爲轉注者，如會下云：曾，益也，曾即增。皀下云：匕，合也，匕即比。旞下云：允，進也，允即靴。是也。凡《爾雅》及傳注以叚借爲轉注者，視此。

注：皀音杳，《説文》望遠合也，从日匕。匕，合也，讀若窈窕之窈。(《説文解字注 · 叙》，第 756 頁上)

12. 令長是也。

段注：原夫叚借，放於古文本無其字之時，許書有言以爲者，有言古文以爲者，皆可薈萃舉之。以者，用也。能左右之曰以。凡言以爲者，用彼爲此也。如：來，周所受瑞麥来麰也，而以爲行來之來。烏，孝烏也，而以爲烏呼字。朋，古文鳳，神鳥也，而以爲朋攩字。子，十一月，陽氣動，萬物滋也，而人以爲偁。韋，相背也，而以爲皮韋。西，鳥在巢上也，而以爲東西之西。言以爲者凡六，是本無其字，依聲託事之明證。本無來往字，取來麥字爲之。及其久也，乃謂來爲來往正字，而不知其本訓。此許說叚借之明文也。其云古文以爲者，洒下云，古文以爲灑埽字。疋下云，古文以爲《詩・大雅》字。丂下云，古文以爲巧字。臤下云，古文以爲賢字。㫃下云，古文以爲魯衛之魯。哥下云，古文以爲歌字。詖下云，古文以爲頗字。𦣻下云，古文以爲醜字。爰下云，古文以爲車轅字。𢾭下云，《周書》以爲討字。此亦皆所謂依聲託事也。而與來、烏、朋、子、韋、西六字不同者，本有字而代之，與本無字有異。然或叚借在先，製字在後，則叚借之時本無其字，非有二例。惟前六字則叚借之後終古未嘗製正字，後十字則叚借之後遂有正字，爲不同耳。(《說文解字注・叙》，第 756 頁下)

13. 令長是也。

段注：許書又有引經說叚借者，如：𤔡，人姓也。而引《商書》無有作𤔡，謂《鴻範》叚𤔡爲好也。……此皆許偁經說叚借，而亦由古文字少之故。與云古文以爲者正是一例。(《說文解字注・叙》，第 756 頁下)

14. 令長是也。

段注：大氐叚借之始，始於本無其字。及其後也，既有其字矣，而多爲叚借。又其後也，且至後代譌字，亦得自冒於叚借。博綜古今，有此三變。(《說文解字注・叙》，第 757 頁上)

15. 令長是也。

段注：以許書言之，本無難、易二字，而以難鳥、蜥易之字爲之，此所謂無字依聲者也。至於經、傳、子、史不用本字而好用叚借字，此或古古積傳，或轉寫變易，有不可知。而如許書，每字依形説其本義，其説解中必自用其本形、本義之字，乃不至矛盾自陷。而今日有絶不可解者，如㥏爲愁，憂爲行和，既畫然矣，而愁下不云㥏也，云憂也。窫爲窒，塞爲隔，既畫然矣，而窒下不云窫也，云塞也。但爲裼，袒爲衣縫解，既畫然矣，而裼下不云但也，云袒也。如此之類，在他書可以託言叚借，在許書則必爲轉寫譌字。葢許説義出於形，有形以範之。而字義有一定，有本字之説解以定之。而他字説解中不容與本字相背，故全書譌字必一一諟正，而後許免於誣。許之爲是書也，以漢人通借緐多，不可究詰，學者不識何字爲本字，何義爲本義，雖有《倉頡》《爰歷》《博學》《凡將》《訓纂》《急就》《元尚》諸篇，楊雄、杜林諸家之説，而其篆文既亂襍無章，其説亦零星間見，不能使學者推見本始，觀其會通，故爲之依形以説音義，而製字之本義昭然可知。本義既明，則用此字之聲而不用此字之義者，乃可定爲叚借。本義明而叚借亦無不明矣。(《説文解字注・叙》，第 757 頁上)

16. 與古文或異。

段注：大篆十五篇，亦曰《史籀篇》，亦曰《史篇》。《王莽傳》：徵天下史篇文字。孟康云：史籀所作十五篇，古文書也。此古文二字，當易爲大篆，大篆與倉頡古文或異，見於許書十四篇中者，備矣。凡云籀文作某者是也。或之云者，不必盡異也，葢多不改古文者矣。(《説文解字注・叙》，第 757 頁上)

17. 與古文或異。

段注：大篆之名，上別乎古文，下別乎小篆而爲言。曰“史篇”者，以官名之。曰“籀篇”“籀文”者，以人名之。(《說文解字注·敘》，第757頁下)

18. 皆目古文。

段注：古文、大篆二者錯見，此云皆以古文，兼大篆言之。六經、《左傳》不必有古文而無籀文也。下文云：取《史籀》大篆，或頗省改。兼古文言之，不必所省改皆大篆而無古文也。秦書八體，一曰大篆，二曰小篆，不言古文，知古文已包於大篆中也。王莽改定古文有六書，一曰古文，二曰奇字，即古文而異者，三曰篆書，即小篆。不言大篆，知古文、奇字二者内已包大篆也。《吕氏春秋》云：倉頡造大篆。是古文亦可偁大篆之證。(《說文解字注·敘》，第757頁下)

19. 或頗省改。

段注：省者，減其緐重。改者，改其怪奇。如民、弟、革、酉，皆象古文之形，所謂改也。書中載秦刻石世汥二字，此又刻石與其小篆異者，如古文之有奇字也。云取《史籀》大篆，或頗省改者，言《史籀》大篆，則古文在其中。大篆既或改古文，小篆復或改古文大篆。或之云者，不盡省改也。不改者多，則許所列小篆，固皆古文大篆。其不云古文作某籀文作某者，古、籀同小篆也。其既出小篆，又云古文作某籀文作某者，則所謂或頗省改者也。(《說文解字注·敘》，第758頁上)

注：十二篇下乁（音移）部（也），女侌也。从乁，象

形，乀亦聲。，秦刻石也字。三篇下攴部（攸），行水也。从攴，从人，水省。，秦刻石嶧山，石文攸字如此。

20. 所謂小篆者也。

段注：凡許書中云篆書者，小篆也；云籒文者，大篆也。(《説文解字注·叙》，第758頁上)

21. 而古文由此絕矣。

段注：按：小篆既省改古文大篆，隸書又爲小篆之省，秦時二書兼行，而古文大篆遂不行，故曰古文由此绝。秦時刻石皆用小篆，漢初人不識科斗，其證也。(《説文解字注·叙》，第758頁下)

22. 一曰大篆。

段注：不言古文者，古文在大篆中也。上云：古文由此絕。何也？古文大篆雖不行，而其體固在。刻符、蟲書等未嘗不用之也。(《説文解字注·叙》，第758頁下)

23. 六曰署書。

段注：凡一切封檢題字皆曰署，題榜亦曰署。(《説文解字注·叙》，第758頁下)

24. 八曰隸書。

段注：自刻符而下，其《漢志》所謂六技與？刻符、旛信、摹印、署書、殳書，皆不離大篆、小篆，而詭變各自爲體，故與

左書偁六技。(《説文解字注・叙》，第758頁下)

25. 冣者，㠯爲尚書史。

段注：漢人謂隸書爲史書。(《説文解字注・叙》，第759頁上)

26. 冣者㠯爲尚書史。

段注：漢人除策諸侯王用木簡篆書外，他皆用縑素隸書而已，絶無用大篆之事也。(《説文解字注・叙》，第759頁下)

27. 張敞從受之。

段注：按：云《倉頡》多古字者，謂《倉頡篇》中大半古文大篆，且周秦時所用音義，在漢時則爲古字，如張揖《古今字詁》所記者是也。俗師失其讀者，失其音義也。正讀者正其音義。(《説文解字注・叙》，第759頁下)

28. 㠯禮爲小學元士。

段注：玉裁按：《楊雄傳》曰：《史篇》莫善於《倉頡》。是則凡小學之書，皆得偁《史篇》。(《説文解字注・叙》，第760頁上)

29. 魯恭王壞孔子宅，而得《禮記》《尚書》《春秋》《論語》《孝經》。

段注：以上皆古文，以其出於壁中，故謂之壁中書。晉人謂之科斗文。王隱曰：大康元年，汲郡民盜發魏安釐王冢，得竹書漆字科斗之文。科斗文者，周時古文也。其字頭麤尾細，似科斗

之蟲，故俗名之焉。據此，則科斗文乃晉人里語。(《説文解字注·叙》，第 762 頁上)

30. 郡國亦往往於山川得鼎彝，其銘即肯代之古文。

段注：銘字不見於金部，由古文《士喪禮》作名，許從古文禮也。而此作銘者，不廢今字也。(《説文解字注·叙》，第 762 頁上)

31. 虫者，屈中也。

段注：小篆有變古文令可書者，隸書亦有變小篆令可書者，其道一也。(《説文解字注·叙》，第 762 頁下)

32. 皆不合孔氏古文，謬于《史籒》。

段注：文字以《倉頡》《史籒》爲正，故必兼舉之。不曰倉頡古文而曰孔氏古文者，漢時惟孔子壁中書爲倉頡古文也。鼎彝之銘則合於孔氏古文者也。(《説文解字注·叙》，第 763 頁上)

33. 未嘗覩字例之條。

段注：字例之條，謂指事、象形、形聲、會意、轉注、叚借六書也。(《説文解字注·叙》，第 763 頁上)

34. 目其所知爲祕妙。

段注：妙，古作眇。妙取精細之意，故以目小之義引申叚借之。後人別製妙文，蔡邕《題曹娥碑》有幼婦之言，知其字漢末有之。許書不録者，晚出之俗字也。而不廢此字者，可從者則不廢。从女，少聲。於古造字之義有合。古好从女子，妥从女爪，安从宀女，旻从女日。《周禮》𡤡从女𢿌。男女者，人之大欲存焉，故古造字多有取於此。凡俗字不若馬頭人、人持十之已甚者，許所不廢也。(《説文解字注·叙》，第763頁上)

35. 今叙篆文，合㠯古、籒。

段注：篆文謂小篆也，古、籒謂古文、籒文也。許重復古，而其體例不先古文、籒文者，欲人由近古以攷古也。小篆因古、籒而不變者多，故先篆文，正所㠯説古、籒也。隸書則去古、籒遠，難以推尋，故必先小篆也。其有小篆已改古、籒，古、籒異於小篆者，則以古、籒駙小篆之後，曰古文作某、籒文作某，此全書之通例也。其變例則先古、籒後小篆，如一篇二（上）下云，古文丄。丅（下）下云，篆文二（下）。先古文而後篆文者，以旁、帝字从二，必立二部使其屬有所从。凡全書有先古、籒後小篆者，皆由部首之故也。(《説文解字注·叙》，第763頁下)

36. 分别部居，不相襍廁也。

段注：許君以爲音生於義，義箸於形。聖人之造字，有義以有音，有音以有形。學者之識字，必審形以知音，審音以知義。聖人造字，實自像形始，故合所有之字，分别其部爲五百四十，每部各建一首，而同首者則曰凡某之屬皆从某，於是形立而音義易明。凡字必有所屬之首，五百四十字可以統攝天下古今之字，此前古未有之書，許君之所獨枊。若網在綱，如裘挈領，討原以納流，執要以説詳。(《説文解字注·叙》，第764頁上)

37. 厥誼不昭，爰朙㠯諭。

段注：許君之書，主就形而爲之説解，其篆文則形也，其説解則先釋其義，若元下云始也，丕下云大也，是也；次釋其形，若元下云从一从兀，丕下云从一从不，是也；次説其音，若兀爲聲，不爲聲，及凡讀若某，皆是也。必先説義者，有義而後有形也。音後於形者，審形乃可知音，即形即音也。合三者以完一篆。(《説文解字注·叙》，第764頁下)

38. 其偁《易》孟氏。

段注：許書内多舉諸經以爲證，以爲明諭厥誼之助。(《説文解字注·叙》，第765頁上)

39. 皆古文也。

段注：所説之義皆古文大篆之義，所説之形皆古文大篆之形，所説之音皆古文大篆之音，故曰皆古文也。然則所偁六藝，皆以言古文大篆。即六藝之外所偁載藉，如《老子》《淮南王》《伊尹》《韓非》《司馬法》之類，六藝孟氏、孔氏、毛氏、左氏外所偁諸家，如《韓詩》《魯詩》《公羊春秋》之類，亦皆以言古文大篆也。且逐字説之，不必有所偁者，無非以言古文大篆之字形、字音、字義也。(《説文解字注·叙》，第765頁上)

40. 皆古文也。

段注：上文萬物咸覩，靡不兼載，厥誼不昭，爰明以諭，正謂全書皆發揮古文。言其偁《易》孟氏，《書》孔氏，《詩》毛氏，《禮》《周官》，《春秋左氏》，《論語》，《孝經》，謂全書中明諭

厥誼，往往取證於諸經，非謂偁引諸經皆壁中古文本也。《易》孟氏之非壁中明矣。(《説文解字注・叙》，第 765 頁上)

41. 皆古文也。

段注：古書之言古文者有二，一謂壁中經藉，一謂倉頡所製文字。雖命名本相因，而學士當區别。如古文《尚書》、古文《禮》，此等猶言古本，非必古本字字皆古、籒，今本則絶無古、籒字也。且如許書未嘗不用《魯詩》《公羊傳》、今文《禮》，然則云皆古文者，謂其中所説字形、字音、字義皆合《倉頡》《史籒》，非謂皆用壁中古本明矣。(《説文解字注・叙》，第 765 頁上)

42. 葢闕如也。

段注：許全書中多箸闕字，有形音義全闕者，有三者中闕其二、闕其一者，分别觀之。(《説文解字注・叙》，第 765 頁下)

43. 珏部七。

段注：凡竝之重之而又有屬者，則别爲部，如珏之屬有班、琥是也。並之重之而無屬，則不别爲部，如祘在示部之末是也。(《説文解字注・叙》，第 766 頁上)

44. 九千三百五十三文，重一千一百六十三。

段注：今依大徐本所載字數覈之，正文九千四百卌一，增多者七十八文；重文千二百七十九，增多者百一十六文。此由列代有沾註者，今難盡爲識别，而亦時可裁僞，去太去甚。略見注

中。(《説文解字注・叙》，第781頁下)

45. 據形系聯。

段注：系者，縣也；聯者，連也。謂五百四十部次弟大略以形相連次，使人記憶易檢尋。如：八篇起人部，則全篇三十六部皆由人而及之是也。雖或有以義相次者，但十之一而已。部首以形爲次，以六書始於象形也。每部中以義爲次，以六書歸於轉注也。後許爲字書者《字林》，㝡目之先後今不傳。嗣此顧希馮《玉篇》，其目以義爲次，而乖謬不可通者，如：兄、弟二目，次於人、儿、父、臣、男、民、夫、予、我、身、女諸部之閒，而不知兄之本義訓兹長，不訓䍮，弟之本義訓韋束次弟，不訓叔季。訓䍮、訓叔季者，其引申之義耳。如顧目次，則此二篆失其本義。又如：毛部、而部，次於羽、角、皮、革之閒，而不知毛謂眉髮之屬，而謂人須，引申乃用於鳥獸。如顧目次，此二篆失其本義，誤以人體系諸物體也。(《説文解字注・叙》，第781頁下)

46. 聞疑載疑。

段注：立乎後漢，以説古文字之形音義，其不能無疑者眾矣。聞疑而載之於書，以俟後世賢人君子，所以衛道也。(《説文解字注・叙》，第783頁上)

47. 次列微辭。

段注：説文解字皆微辭也。於文言説，於字言解者，互言之。説者，説釋也；解者，判也。(《説文解字注・叙》，第783頁下)

48. 知此者稀。

段注：許以九千三百五十三文，當《爾雅》《史籀篇》《倉頡篇》之字形；以每字之義，當《爾雅》《倉頡傳》《倉頡故》之訓釋。以象某形、从某形、从某聲説其形；以某聲、讀若某説其音；二者補古人所未備。其書以形爲主，經之爲五百四十部，以義緯之，又以音緯之。後儒苟取其義之相同相近者，各比其類爲一書，其條理精密勝於《爾雅》遠矣。後儒苟各類其同聲者，介以三百篇古音之部分如是爲一書，周、秦、漢之韵具在此矣。故許一書可以爲三書。(《説文解字注・叙》，第 783 頁下)

49. 知此者稀。

段注：劉、班之以《爾雅》《小爾雅》《古今字》別於《史籀篇》《倉頡篇》及釋《倉頡篇》者，葢謂《爾雅》《小爾雅》所言者，六經古字古義；《倉頡傳》《倉頡訓纂》《倉頡故》所言者，今字今義，實有不同。不知古今非有異字。《爾雅》《小爾雅》所列之字，未嘗出《史籀》十五篇、《倉頡》《凡將》等篇外也。但同此字而古今用者不同，叚借依託致緐，故又有説古今字之書。班既以古今字一卷附於《爾雅》矣，則應合諸小學家，顯然也。又況《爾雅》《小爾雅》《古今字》三者，皆以統攝六藝，附之小學則當，專附之《孝經》則不當。若《五經雜議》十八篇、《弟子職》一篇、《説》三篇，皆非小學之言，亦非《孝經》之詁。《孝經》於六藝，名經而實傳，故宜以《孝經》及説《孝經》各篇，及《五經雜議》十八篇、《弟子職》一篇、《説》三篇，合於《論語》家，爲學者幼少所習之傳。(《説文解字注・叙》，第 783 頁下)

50. 庶有達者，理而董之。

段注：謂許以形爲主，因形以説音説義，其所説義與他書絶不同者。他書多叚借，則字多非本義。許惟就字説其本義，知何者爲本義，乃知何者爲叚借，則本義乃叚借之權衡也。故《説文》《爾雅》相爲表裏，治《説文》而後《爾雅》及傳注明。《説文》《爾雅》及傳注明，而後謂之通小學，而後可通經之大義。(《説文解字注・叙》，第784頁下)

51. 稽首再拜。

段注：凡許自序及沖上書用字，皆同漢人，不必合於其全書所謂古今字也。其全書説解之語，必依用本字本義，令全書形與義畫一，所謂成一家之言也。首部曰：䭫，下首也。是本字，經傳及漢人多用稽，是叚借字。凡説解内俗本誤改者，如：龢，調也。故調下曰龢也，不當作唱和之和。寋，窒也。故窒下曰寋也，不當作邊塞之塞。但，裼也。故裼下曰但也，不當作綻裂之袒。匊，帀徧也。故帀下曰匊也，不當作周密之周。厶，姦衺也。故姦下曰厶也，不當作禾名之私。飾，㕞也。故㕞下曰飾也，不當作許不録之拭。居，蹲也。故蹲下曰居也，不當作俗用之踞。侸，立也。故立下曰侸也，不當作俗逗字之住。糠，碎也。故碎下曰糠也，不當作石磑之礦。纝，縮也。故縮下曰纝也，不當作絹。悟，覺也。故覺下曰悟也，不當作寤。灸，灼也。故灼下曰灸也，不當作炙。𢝊，愁也。故愁下曰𢝊也，不當作行和之憂。凡若此類，許必枘鑿相應，斷不矛盾自陷。全書内有似此者，皆淺人所竄改，當從其朔者也。(《説文解字注・叙》，第784頁下)

52. 猶復深惟五經之妙。

段注：云六經者，古古相傳之説也。云五經者，漢人所習也。(《説文解字注・叙》，第785頁上)

53. 臣父故大尉南閤祭酒慎。

段注：凡史云故某官者，皆謂冣後致仕之一任。(《説文解字注・叙》，第785頁下)

54. 本從逵受古學。

段注：古學者，古文《尚書》、《詩》毛氏、《春秋左氏傳》，及《倉頡》古文、《史籀》大篆之學也。逵卒於永元十三年。許於逵受古學。(《説文解字注・叙》，第785頁下)

55. 作説文解字。

段注：一書之名，惟見沖奏中。既曰説文，又曰解字者，古曰文，今曰字，言文字以晐古文、籀文、小篆三體，言説、解以全晐指事、象形、形聲、會意、轉注、叚借六書。每字先説解其義，次説解其形，次説解其音。説，釋也。解，判也。後世從省，但目爲説文。(《説文解字注・叙》，第786頁上)

56. 六藝羣書之詁。

段注：《周禮》言三物者，六德、六行、六藝也。言六藝者，禮、樂、射、御、書、數也。漢人言六藝者，司馬遷、劉歆、班固謂六經也。周之六藝主習其事，漢之六藝主習其文。文與事未有不相兼而習者。抑周時以六藝檃栝技能，爲六德、六行之助，孔子所云志道、據德、依仁、游藝也。漢時以六藝統攝古聖載籍，晐六德、六行、六藝之大全。漢之有六經，實即周之教民三物也。周人所習之文，以《禮》《樂》《詩》《書》爲急。故《左傳》曰：説《禮》《樂》而敦《詩》《書》。《王制》曰：《春秋》教以《禮》《樂》，冬夏教以《詩》《書》。而《周易》，其用在卜筮，其道冣精微，不以教人。《春秋》則列國掌於史官，亦不以教人。故韓宣子適魯乃見《易象》與《魯春秋》，此二者，非人所常習，明矣。云《魯春秋》者，獨得周公之法，與晉史不同也。孔子雅言惟《詩》《書》執禮，而七十二子身通六藝，謂或通其一二，不必一人而兼六藝也。六藝足以攝羣書，必兼言羣書者，容有不見六藝而見羣書者也。漢律亦羣書之一也。詁者，訓故言也。凡前古所傳曰故言。(《説文解字注·敘》，第786頁上)

57. 目文字未定，未奏上。

段注：古人著書，不自謂是，時有增删改竄，故未死以前不自謂成。司馬闕其十篇，班氏或言當考。皆以任重道遠，死而後已。許雖綱舉目張，而文字實緐，聞疑偁疑，不無待於更正。今有由聲、爿聲、免聲而無正篆，以及凡可疑者，皆因未定而未竟也。逮病且死，則自謂不能致力而命子奏上矣。(《説文解字注·敘》，第787頁上)

58. 一 yī

惟初大極，道立於一，造分天地，化成萬物。凡一之屬皆从一。［注］弌，古文一。於悉切。古音第十二部。

段注：凡云凡某之屬皆从某者，自序所謂分别部居，不相襍廁也。《爾雅》《方言》所以發明轉注、假借，《倉頡》《訓纂》《滂熹》及《凡將》《急就》《元尚》《飛龍》《聖皇》諸篇，僅以四言、七言成文，皆不言字形原委。以字形爲書，俾學者因形以考音與義，實始於許，功莫大焉。(《説文解字注・一部》，第 1 頁上)

59. 一 yī

惟初大極，道立於一，造分天地，化成萬物。凡一之屬皆从一。弌，古文一。於悉切。古音第十二部。［注］

段注：凡注言一部、二部以至十七部者，謂古韵也。(《説文解字注・一部》，第 1 頁上)

60. 一 yī

惟初大極，道立於一，造分天地，化成萬物。凡一之屬皆从一。弌，古文一。［注］於悉切。古音第十二部。

段注：凡言古文者，謂倉頡所作古文也。此書法後王，尊漢制，以小篆爲質，而兼録古文、籒文。所謂今叙篆文，合以古、籒也。小篆之於古、籒，或仍之，或省改之。仍者十之八九，省改者十之一二而已。仍則小篆皆古、籒也，故不更出古、籒。省改則古、籒非小篆也，故更出之。一二三之本古文明矣，何以更出弌弍弎也？蓋所謂即古文而異者，當謂之古文奇字。(《説文解字注・一部》，第 1 頁上)

61. 元 yuán

始也。从一，兀聲。［注］愚袁切。古音第十四部。

段注：凡言从某，某聲者，謂於六書爲形聲也。凡文字，有義，有形，有音。《爾雅》已下，義書也。《聲類》已下，音書也。《説文》，形書也。凡篆一字，先訓其義，若（元）始也，（天）顛也是。次釋其形，若从某，某聲是。次釋其音，若某聲及讀若某是。合三者以完一篆，故曰形書也。(《説文解字注·二部》，第1頁上)

注：湘潭劉肇陽編校，徐星鉑《説文解字段注札記》："'某聲'二字衍文。"

62. 天 tiān

顛也。[注] 至高無上，从一大。他前切。十二部。

段注：此以同部疊韵爲訓也。凡門，聞也；户，護也；尾，微也；髮，拔也，皆此例。(《説文解字注·一部》，第1頁上)

63. 天 tiān

顛也。[注] 至高無上，从一大。他前切。十二部。

段注：凡言元，始也；天，顛也；丕，大也；吏，治人者也，皆於六書爲轉注，而微有差别。元、始可互言之，天、顛不可倒言之。葢求義則轉移皆是，舉物則定名難假，然其爲訓詁則一也。(《説文解字注·一部》，第1頁上)

64. 天 tiān

顛也。至高無上。从一大。[注] 他前切。十二部。

段注：凡會意合二字以成語，如一大、人言、止戈皆是。(《説文解字注·一部》，第1頁下)

65. 丕 pī

大也。从一，不聲。［注］敷悲切。古音在第一部。

段注：丕與不音同，故古多用不爲丕，如不顯即丕顯之類，於六書爲假借。凡假借必同部同音。(《説文解字注·一部》，第1頁下)

66. 吏 lì

治人者也。从一，从史，［注］史亦聲。力置切。一部。

段注：此亦會意也。天下曰从一大，此不曰从一史者，吏必以一爲體，以史爲用，一與史二事，故異其詞也。史者，記事者也。力置切。一部。(《説文解字注·一部》，第1頁下)

67. 吏 lì

治人者也。从一，从史，史亦聲。［注］力置切。一部。

段注：凡言亦聲者，會意兼形聲也。(《説文解字注·一部》，第1頁下)

68. 吏 lì

治人者也。从一，从史，史亦聲。［注］力置切。一部。

段注：凡字有用六書之一者，有兼六書之二者。(《説文解字注·一部》，第1頁下)

69. “一”部末

文五，重一。［注］

段注：凡部之先後，以形之相近爲次。(《説文解字注·一

部》，第 1 頁下）

70. “一”部末

文五，重一。［注］

段注：凡每部中字之先後，以義之相引爲次。《顔氏家訓》所謂檃栝有條例也。《説文》每部，自首至尾次弟井井，如一篇文字，如一而元，元，始也。始而後有天，天莫大焉，故次以丕，而吏之从一終焉，是也。(《説文解字注・一部》，第 1 頁下）

71. 二（上）shàng

高也。此古文丄。［注］指事也。凡丄之屬皆从丄。時掌、時亮二切。古音第十部。

段注：凡説文一書，以小篆爲質。必先舉小篆，後言古文作某。此獨先舉古文，後言小篆作某，變例也。以其屬皆从古文上，不从小篆上，故出變例而别白言之。(《説文解字注・二部》，第 1 頁下）

72. 二（上）shàng

高也。此古文丄。指事也。［注］凡丄之屬皆从丄。時掌、時亮二切。古音第十部。

段注：凡指事之文絶少，故顯白言之。(《説文解字注・二部》，第 1 頁下）

73. 旁 páng

溥也。从二，闕，［注］方聲。㫄，古文旁。㫄，亦古文旁。

段注：凡言闕者，或謂形，或謂音，或謂義，分别讀之。(《説文解字注・二部》，第 2 頁上)

74. 旁 páng

溥也。从二，闕，方聲。[注] 㫄，古文旁。㝑，亦古文旁。步光切。十部。步光切。十部。

段注：凡徐氏鉉、鍇二本不同，各从其長者。(《説文解字注・二部》，第 2 頁上)

75. 二（下）xià

底也。[注] 从反二，爲二。丅，篆文下。胡雅、胡駕二切。古音在第五部。

段注：許氏解字多用轉注。轉注者，互訓也。底云下也，故下云底也，此之謂轉注。(《説文解字注・二部》，第 2 頁上)

76. 祜 hù

上諱。[注]（候古切）古音第五部。

段注：此書之例，當是不書其字，但書上諱二字。書其字則非諱也。今本有篆文者，後人補之。不書，故其詁訓形聲俱不言。假令補之，則曰：祜，福也。从示，古聲。祜訓福，則當與禄、褫等爲類，而列於首者，尊君也。(《説文解字注・示部》，第 2 頁下)

77. 禛 zhēn

目真受福也。从示，真聲。[注] 側鄰切。十二部。

段注：聲與義同原，故龤聲之偏旁多與字義相近，此會意、形聲兩兼之字致多也。説文或偁其會意，略其形聲；或偁其形聲，略其會意。雖則渻文，實欲互見。不知此則聲與義隔。又或如宋人字説，衹有會意，别無形聲，其失均誣矣。(《説文解字注・示部》，第 2 頁下)

78. 祥 xiáng

福也。从示，羊聲。[注] 似羊切。十部。

段注：鉉本此下有一云善三字，淺人所增。一書中此類不少。(《説文解字注・示部》，第 3 頁上)

79. 祇 qí

地祇，提出萬物者也。从示，氏聲。[注] 巨支切。古音十六部。

段注：凡假借必取諸同部。(《説文解字注・示部》，第 3 頁下)

80. 祇 qí

地祇，提出萬物者也。从示，氏聲。[注] 巨支切。古音十六部。

段注：古人云當爲者，皆是改其形誤之字。云當为者，以音近之字易之。云讀如者，以同音之字擬之。(《説文解字注・示部》，第 3 頁下)

81. 齋 zhāi

戒絜也。从示，𠫓省聲。[注] 䶒，籀文齋，从䙴省。側皆切。十五部。

段注：謂減𠷎之二畫，使其字不䌛重也。凡字有不知省聲，則昧其形聲者，如融、蠅之類是。(《説文解字注·示部》，第3頁下)

按：蠅当是繩之误。

82. 䙴 zhāi

戒絜也。从示，𠷎省聲。䙴，籀文齋，从䙴省。［注］側皆切。十五部。

段注：凡籀文多䌛重。(《説文解字注·示部》，第3頁下)

83. 禋 yīn

絜祀也。一曰精意㠯享爲禋。［注］从示，垔聲。於真切。古音在十三部。

段注：凡義有兩岐者，出一曰之例。《山海經》《韓非子》《故訓傳》皆然，但《説文》多有淺人疑其不備而竄入者。《周語》：内史過曰：精意以享，禋也。絜、祀二字已苞之，何必更端偁引乎？舉此可以隅反。(《説文解字注·示部》，第3頁下)

84. 祡 chái

燒柴尞祭天也。从示，此聲。《虞書》曰：至于岱宗，祡。禬，古文祡，从隋省。［注］仕皆切。十五部。

段注：凡漢人云古文《尚書》者，猶言古本《尚書》，以別於夏矦、歐陽《尚書》，非其字皆《倉頡》古文也。《儀禮》有古文今文，亦猶言古本今本，非一皆《倉頡》古文，一皆隸書

也。(《説文解字注 · 示部》，第 4 頁上)

85. 祏 shí

宗廟主也。《周禮》有郊宗石室。一曰大夫目石爲主。［注］从示石，石亦聲。常隻切。古音在五部。

段注：玉裁按:《異義》(指許慎的《五經異義》)先出,《説文》晚成，多所叜定，故《説文》之説，多有異於《異義》，同於鄭駁者。(《説文解字注 · 示部》，第 5 頁上)

86. 祫 xiá

大合祭先祖親疏遠近也。从示合。［注］《周禮》曰：三歲一祫。矦夾切。古音弟七部。

段注：會意，不云合亦聲者，省文，重會意也。(《説文解字注 · 示部》，第 6 頁上)

87. 祼 guàn

灌祭也。从示，果聲。［注］古玩切。古音在十七部。

段注：凡云之言者，皆通其音義以爲詁訓，非如讀爲之易其字，讀如之定其音。如：載師，載之言事。族師，師之言帥。襢衣，襢之言亶。翣柳，柳之言聚。副編次，副之言覆。禋祀，禋之言煙。卝人，卝之言礦。皆是。未嘗曰禋即讀煙，副即讀覆也。以是言之，祼之音本讀如果。卝之音本爲卵，讀如鯤，與灌礦爲雙聲。後人竟讀灌、讀礦，全失鄭意。(《説文解字注 · 示部》，第 6 頁上)

88. 祼 guàn

灌祭也。从示，果聲。［注］古玩切。古音在十七部。

段注：古音有不見於周人有韵之文，而可意知者，此類是也。(《説文解字注·示部》，第6頁上)

注：謹按：此條本連上條叙述而下，原可合述。竊以爲此乃段氏提出探索古音之一種辦法，所以分列爲一條而顯著之。

89. 𥜶 cuì

數祭也。从示，毳聲。讀若舂麥爲𥜶之𥜶。［注］此芮切。十五部。

段注：凡言讀若者，皆擬其音也。凡傳注言讀爲者，皆易其字也。注經必兼兹二者，故有讀爲，有讀若。讀爲亦言讀曰，讀若亦言讀如。字書但言其本字本音，故有讀若，無讀爲也。讀爲、讀若之分，唐人作正義已不能知。爲與若兩字，注中時有譌亂。(《説文解字注·示部》，第6頁下)

90. 𥜶 cuì

數祭也。从示，毳聲。讀若舂麥爲𥜶之𥜶。［注］此芮切。十五部。

段注：爲𥜶之𥜶字从木，各本譌从示。不可解。《廣雅》：𥜶，舂也，楚芮反。《説文》無𥜶字，即《臼部》舂去麥皮臼臿也。江氏聲云：《説文》解説内或用方言俗字，篆文則仍不載。(《説文解字注·示部》，第6頁上)

91. 祝 zhù

祭主贊詈者。从示，从儿口。一曰从兑省。［注］《易》曰：兑爲口，爲巫。之六切。三部。

段注：凡一曰，有言義者，有言形者，有言聲者。(《説文解字注 · 示部》，第 6 頁上)

92. 祝 zhù

祭主贊詈者。从示，从儿口。一曰从兑省。《易》曰：兑爲口，爲巫。［注］之六切。三部。

段注：凡引經傳，有證義者，有證形者，有證聲者。(《説文解字注 · 示部》，第 6 頁上)

93. 禬 guì

會福祭也。从示，會聲。［注］《周禮》曰：禬之祝號。古外切。十五部。

段注：此等（按：祓、祈、禱、禜、禳诸篆）皆舉形聲包會意。(《説文解字注 · 示部》，第 7 頁上)

94. 祳 shèn

社肉。盛之目蜃，故謂之祳。天子所目親遺同姓。从示，辰聲。《春秋傳》曰：石尚來歸祳。［注］時忍切。古音在十三部。

段注：凡説文引《春秋經》皆繫諸傳，謂《左氏春秋》有此文也。(《説文解字注 · 示部》，第 7 頁下)

95. 禡 mà

師行所止，恐有慢其神，下而祀之曰禡。[注] 从示，馬聲。《周禮》：禡於所征之地。莫駕切。古音在五部。

段注：許説不同者，許時古今説具在。(《説文解字注·示部》，第 7 頁下)

96. 社 shè

地主也。从示土。《春秋傳》曰：共工之子句龍爲社神。[注]《周禮》：二十五家爲社，各樹其土所宜木。袿，古文社。常者切。古音在五部。

段注：許既从今《孝經》説矣，又引古《左氏》説者，此與心字云土藏也，象形，博士説以爲火藏一例，兼存異説也。(《説文解字注·示部》，第 8 頁上)

97. 禓 yáng

道上祭。从示，昜聲。[注] 與章切。十部。

段注：按：《郊特牲》：鄉人禓，孔子朝服立於阼。即《論語》鄉人難，朝服而立於阼階也。注：禓或爲獻，或爲儺。凡云或爲者，必此彼音讀有相通之理。昜聲與獻、儺音理遠隔。(《説文解字注·示部》，第 8 頁下)

98. 祘 suàn

明視目筭之。从二示。《逸周書》曰：[注] 士分民之祘，均分目祘之也。讀若筭。蘇貫切。十四部。

段注：《藝文志》：《周書》七十一篇，周史記也。劉向曰：

蓋孔子所論百篇之餘。故許君謂之《逸周書》，亦以別於偁《尚書》之《周書》，免學者惑也。(《説文解字注 · 示部》，第 8 頁下)

99. 禫 dàn

除服祭也。从示，覃聲。[注] 徒感切。古音在七部。

段注：且示示字重示，當居部末，如𧶠、聑、聶、𩏩、猋皆居部末是也。(《説文解字注 · 示部》，第 9 頁上)

100. “示”部末

文六十三，重十三。[注]

段注：六十三，鍇本作六十五。禫下有禰、禬二字，云：禰，秋畋也，从示，爾聲。禬，祝也，从示，𧆨聲。即犬部之獮，言部之詛也。用此知《説文》多爲淺人增竄，部末凡數多非原文。(《説文解字注 · 示部》，第 9 頁上)

101. 皇 huáng

大也。从自王。自，始也。始王者，三皇，大君也。[注] 自讀若鼻。今俗吕作始生子爲鼻子是。胡光切。十部。

段注：始王天下，是大君也，故號之曰皇，因以爲凡大之偁。此説字形會意之恉，并字義訓大之所由來也。皇本大君，因之凡大皆曰皇，假借之法準此矣。(《説文解字注 · 王部》，第 9 頁下)

102. 皇 huáng

大也。从自王。自，始也。始王者，三皇，大君也。自讀若鼻，今俗目作始生子爲鼻子是。［注］胡光切。十部。

段注：今俗，謂漢時也。(《說文解字注 · 王部》，第 10 頁上)

103. 璙 liáo

玉也。［注］从王，尞聲。洛蕭切。二部。

段注：謂玉名也。如毛傳：嵬，山也、繹，山也之例，不言山名也。古傳注多不言名。(《說文解字注 · 玉部》，第 10 頁上)

104. 瑜 yú

瑾瑜也。［注］从王，俞聲。羊朱切。古音在四部。

段注：凡合二字成文，如瑾瑜、玫瑰之類，其義既舉於上字，則下字例不復舉，俗本多亂之。(《說文解字注 · 玉部》，第 10 頁下)

105. 瑬 lái

瑬瓄，玉也。［注］从王，來聲。落哀切。一部。

段注：《廣雅》玉類有瑬瓄。按：説解有瓄而無篆文瓄者，葢古祇用賣，後人加偏旁。許君書或本説解内作賣，或説解内不妨從俗，而篆文則不録也。(《說文解字注 · 玉部》，第 10 頁下)

106. 瓊 qióng

亦玉也。［注］从王，敻聲。璚，瓊或从矞。渠營切。古音在十四部。

段注：亦，各本作赤，非。《說文》時有言亦者，如李賢所引診亦視也，鳥部鸞亦神靈之精也之類。(《說文解字注 · 玉部》，

第 10 頁下)

107. 璬 jiǎo

玉佩。[注] 从王，敫聲。古了切。二部。

段注：凡一書内舊次可考者訂正之。(《説文解字注 · 玉部》，第 13 頁上)

108. 瑱 tiàn

目玉充耳也。[注] 从王，真聲。《詩》曰：玉之瑱兮。䡅，瑱或从耳。佗甸切。十二部。

段注：凡字从某爲某之屬，許君必言其故。(《説文解字注 · 玉部》，第 13 頁下)

109. 瑱 tiàn

目玉充耳也。[注] 从王，真聲。詩曰：玉之瑱兮。䡅，瑱或从耳。佗甸切。十二部。

段注：耳形，真聲。不入耳部者，爲其同字異處，且難定其正體或體。凡附見之例眂（視）此。(《説文解字注 · 玉部》，第 13 頁下)

110. 琫 běng

佩刀上飾也。[注] 天子以玉，諸侯以金。从王，奉聲。邊孔切。九部。

段注：凡訓詁必考其源流得失者，舉眂此。(《説文解字注 · 玉部》，第 14 頁上)

111. 璪 zǎo

玉飾。如水藻之文。从王，喿聲。《虞書》曰：璪火粉米。［注］子皓切。二部。

段注：凡説文有引經言假借者例此。(《説文解字注・玉部》，第 14 頁下)

112. 瓃 léi

玉器也。从王，畾聲。［注］魯回切。十五部。

段注：《説文》無畾字，而云畾聲者，畾即靁之省也。……凡從畾字皆形聲兼會意。(《説文解字注・玉部》，第 15 頁上)

113. 璊 mén

玉䵂色也。从王，㒼聲。禾之赤苗謂之䵂。［注］言璊玉色如之。玧，璊或从允。莫奔切。古音在十四部。

段注：䵂即艸部虋字之或體，艸部不言或作䵂而此見之，亦可見或字不能悉載。(《説文解字注・玉部》，第 15 頁下)

114. 琚 jū

佩玉石也。［注］从王，居聲。《詩》曰：報之以瓊琚。九魚切。五部。

段注：瑀下不言佩玉石，琚下不言美石次玉，互見也。(《説文解字注・玉部》，第 16 頁下)

115. 玜 sī

石之似玉者。从王，厶聲，讀與私同。［注］息夷切。十五部。

段注：凡言讀與某同者，亦既讀若某也。(《說文解字注・玉部》，第 17 頁上)

116. 玟 mò

玉屬也。[注] 从王，叟聲，讀若沒。莫悖切。十五部。

段注：凡言某屬者，謂某之類。(《說文解字注・玉部》，第 17 頁下)

117. 珧 yáo

蜃甲也。所以飾物也。[注] 从王，兆聲。《禮記》曰：佩刀，天子玉琫而珧珌。余昭切。二部。

段注：凡物統言不分，析言有別。蜃飾謂之珧，猶金飾謂之銑，玉飾謂之珪。金不必皆銑，玉不必皆珪也。(《說文解字注・玉部》，第 18 頁上)

118. 珋 liú

石之有光者，璧珋也。出西胡中。从王，丣聲。[注]（力求切）三部。

段注：部分以疊韵爲重，字音以雙聲爲重。(《說文解字注・玉部》，第 19 頁上)

119. 靈 líng

巫也。[注] 以玉事神。从王，霝聲。靈，靈或从巫。郎丁切。十一部。

段注：許君原書，篆文之下以緐複寫其字。後人删之，時有未盡。(《説文解字注・玉部》，第 19 頁下)

120. “玉”部末

文百二十四，重十七。[注]

段注：通乎《説文》之條理次第，斯可以治小學。(《説文解字注・玉部》，第 19 頁下)

121. 珏 jué

二玉相合爲一珏。[注] 凡珏之屬皆从珏。瑴，珏或从㱿。古岳切。三部。

段注：不言从二玉者，義在於形，形見於義也。(《説文解字注・玉部》，第 19 頁下)

122. 珏 jué

二玉相合爲一珏。凡珏之屬皆从珏。[注] 瑴，珏或从㱿。古岳切。三部。

段注：因有班𤤩字，故珏專列一部。不則綴於玉部末矣。凡《説文》通例如此。(《説文解字注・玉部》，第 19 頁下)

123. 壿 zūn，dūn

士舞也。[注] 从士，尊聲。《詩》曰：壿壿舞我。慈損切。十三部。

段注：古書也、兒二字多互譌。(《説文解字注・士部》，第 20 頁下)

124. 丨 gǔn

下上通也。引而上行讀若囟，引而下行讀若逿。［注］凡丨之屬皆从丨。思二切，又音古本切。讀若囟在十三部，讀若逿在十五部。

段注：凡字之直，有引而上、引而下之不同。(《說文解字注・士部》，第20頁下）

125. 屮 chè

艸木初生也。象丨出形，有枝莖也。古文或㠯爲艸字。［注］讀若徹。凡屮之屬皆从屮。尹彤説。丑列切。十五部。

段注：凡云古文以爲某字者，此明六書之叚借。以，用也，本非某字，古文用之爲某字也。如古文以洒爲灑掃字，以疋爲詩大雅字，以丂爲巧字，以臤爲賢字，以旅爲魯衛之魯，以哥爲歌字，以詖爲頗字，以㗊爲靦字，籀文以爰爲車轅字，皆因古時字少，依聲託事。(《説文解字注・屮部》，第21頁下）

126. 屮 chè

艸木初生也。象丨出形，有枝莖也。古文或㠯爲艸字。［注］讀若徹。凡屮之屬皆从屮。尹彤説。丑列切。十五部。

段注：至於古文以屮爲艸字，以疋爲足字，以丂爲亐字，以俟爲訓字，以臭爲澤字，此則非屬依聲，或因形近相借，無容後人效尤者也。(《説文解字注・屮部》，第21頁下）

127. 屮 chè

艸木初生也。象丨出形，有枝莖也。古文或㠯爲艸字。讀若徹。凡屮之屬皆从屮。尹彤説。［注］丑列切。十五部。

段注：凡言某説者，所謂博采通人也。有説其義者，有説其形者，有説其音者。(《説文解字注・屮部》，第 21 頁下)

128. 屯 zhūn

難也。屯，象艸木之初生，屯然而難。从屮貫一屈曲之也。一，地也。［注］《易》曰：屯，剛柔始交而難生。陟倫切。十三部。

段注：《説文》多説一爲地，或説爲天，象形也。(《説文解字注・屮部》，第 21 頁下)

129. 每 měi

艸盛上出也。［注］从屮，母聲。武罪切。古音在一部。

段注：凡言雖者皆充類之辭。(《説文解字注・屮部》，第 21 頁下)

130. 熏 xūn

火煙上出也。从屮，［注 1］从黑。屮、黑，熏象。［注 2］許云切。十三部。

段注：［注 1］象煙上出。此於六書爲叚借。［注 2］此恐學者不達會意，故發明之曰，屮而繼之以黑。此煙上出，而煙所到處成黑色之象也。合二體爲會意，單言上體則爲叚借，與璗本金而从玉同意，故居部末。(《説文解字注・屮部》，第 22 頁上)

131. 莊 zhuāng

上諱。𦺇，古文莊。［注］側羊切。十部。

段注：凡古文經後人轉寫茫昧難知者，舉以𥮸（古文毒）、𦺇二字爲例求之。(《説文解字注・屮部》，第 22 頁下)

132. 蓏 luǒ

在木曰果，在艸曰蓏。［注］从艸胍。郎果切。十七部。

段注：凡爲傳注者主説大義，造字書者主説字形，此所以注《淮南》、作《説文》出一手而互異也。(《説文解字注・艸部》，第 22 頁下)

133. 萁 qí

豆莖也。［注］从艸，其聲。渠之切。一部。

段注：當云尗而曰豆，從漢時語也，或後人改之。(《説文解字注・艸部》，第 23 頁上)

按："漢時語"似包括"音"與"形"。

134. 荏 rěn

桂荏，蘇也。［注］从艸，任聲。如甚切。七部。

段注：凡轉注有各部互見者，有同部類見者。(《説文解字注・艸部》，第 23 頁下)

135. 莧 xiàn

莧菜也。［注］从艸，見聲。矦澗切。十四部。

段注：尋《説文》之例，云芺菜、葵菜、蓶菜、蘮菜、薇菜、蓶菜、菦菜、釀菜、莧菜以釋篆文。葵者，字形；葵菜也者，字義。如水部河者，字形；河水也者，字義。若云此篆文是葵菜也，此篆文是河水也。槩以爲複字而删之，此不學之過。(《説文解字注·艸部》，第24頁上)

按：此注已揭出“判斷句式”。

136. 茿 zhú

萹茿也。从艸，筑省聲。[注] 陟玉切。三部。

段注：此不云巩聲而云筑省聲者，以巩字工聲，筑字竹亦聲也。(《説文解字注·艸部》，第26頁上)

137. 茖 gé

艸也。[注] 从艸，各聲。古額切。古音在五部。

段注：釋艸：茖，山蔥。按：《爾雅》雖有此字，然許君果用《爾雅》，何以不云山蔥而云艸也？凡所不知，寧從葢闕。(《説文解字注·艸部》，第26頁上)

138. 藋 diào

堇艸也。[注] 一曰拜商藋。从艸，翟聲。徒弔切。二部。

段注：凡物有異名同實者。釋艸曰：芨，堇艸。陸德明謂即《本艸》之蒴藋。按：郭釋以烏頭。烏頭名堇，見《國語》，而芨名無見。陸説爲長。(《説文解字注·艸部》，第26頁下)

139. 藋 diào

堇艸也，一曰拜商藋。[注] 从艸，翟聲。徒弔切。二部。

段注：説文言一曰者有二例：一是兼採别説，一是同物二名。(《説文解字注 · 艸部》，第 26 頁下)

140. 虊 luán

鳧葵也。[注] 从艸，䜌聲。洛官切。十四部。

段注：後又云：茆，鳧葵也。二字不同處者，以小篆、籒文别之也。虊茆雙聲。(《説文解字注 · 艸部》，第 26 頁下)

141. 苦 kǔ

大苦，苓也。[注] 从艸，古聲。康杜切。五部。

段注：凡合二字爲名者，不可删其一字以同於他物，如單云蘭非芄蘭，單言葵非鳧葵是也。(《説文解字注 · 艸部》，第 27 頁上)

142. 蘄 qí

艸也。从艸，靳聲。江夏有蘄春縣。[注] 渠希切。古音當在十三部。

段注：凡縣名系於郡，亭名、鄉名系於某郡某縣。(《説文解字注 · 艸部》，第 27 頁下)

143. 蒻 ruò

蒲子。可㠯爲平席。[注] 从艸，弱聲。而灼切。二部。

段注：蒲子者，蒲之少者也。凡物之少小者謂之子，或謂之女。(《説文解字注 · 艸部》，第 28 頁上)

144. 莙 jùn

牛藻也。［注］从艸，君聲，讀若威。渠殞切。十三部。

段注：按：藻之大者曰牛藻，凡艸類之大者多曰牛曰馬。郭云：江東呼馬藻矣。(《説文解字注 · 艸部》，第 28 頁上)

145. 苢 yǐ

芣苢，一名馬舄。其實如李，令人宜子。［注］从艸，目聲。周書所説。羊止切。一部。

段注：釋艸：芣苢，馬舄。馬舄，車前。《説文》凡云一名者皆後人所改竄。《爾雅音義》引作：芣苢，馬舄也。可證。(《説文解字注 · 艸部》，第 28 頁下)

146. 苢 yǐ

芣苢，一名馬舄。其實如李，令人宜子。从艸，目聲。周書所説。［注］羊止切。一部。

段注：示部曰《逸周書》，此不言逸，或詳或略，錯見也。(《説文解字注 · 艸部》，第 28 頁下)

147. 芺 ǎo

艸也。味苦，江南食之目下气。［注］从艸，夭聲。烏皓切。二部。

段注：漢人謂豫章長沙爲江南。(《説文解字注 · 艸部》，第 29 頁上)

148. 薁 yù

蘡薁也。［注］从艸，奥聲。於六切。三部。

段注：按：賈氏（賈思勰《齊民要術》）凡引《詩艸木蟲魚疏》皆謂之《詩義疏》。(《説文解字注·艸部》，第30頁上)

149. 藟 lěi

艸也。［注］从艸，畾聲。《詩》曰：莫莫葛藟。一曰秬鬯。力軌切。十五部。

段注：按：凡藤者謂之藟，系之艸則有藟字，系之木則有櫐字，其實一也。(《説文解字注·艸部》，第30頁下)

150. 藟 lěi

艸也。从艸，畾聲。《詩》曰：莫莫葛藟。一曰秬鬯。［注］力軌切。十五部。

段注：凡字從畾聲者，皆有鬱積之意。(《説文解字注·艸部》，第30頁下)

151. 苞 bāo

艸也。［注］南陽目爲麤履。从艸，包聲。布交切。古音在三部。

段注：葢艸木既難多識，文字古今屢變，雖曰至精，豈能無誤？善學古者不泥於古可也。(《説文解字注·艸部》，第31頁上)

152. 蘜 jú

日精也。目秋華。［注］从艸，𥷚省聲。蓻，蘜或省。居六切。三部。

段注：攷郭氏所注小學三書，今存者二，有時涉及《字林》，而絶未嘗偁用《說文》也。(《說文解字注·艸部》，第33頁上)

153. 藗 sù

牡茅也。从艸，遬聲。遬，籒文速。［注］桑谷切。三部。

段注：凡速聲字皆從朿，則牡茅字作蓮可矣。而小篆偶從遬，與他速聲字不畫一，故箸之。序曰：小篆取《史籒》大篆或頗省改。藗者，大篆文應省改而不省改者也。(《說文解字注·艸部》，第33頁下)

154. 莪 é

莪，蘿也。蒿屬。［注］从艸，我聲。五何切。十七部。

段注：凡言屬則別在其中。(《說文解字注·艸部》，第35頁上)

155. 薾 jiǎn

王彗也。［注］从艸，湔聲。昨先切。十二部。

段注：凡物呼王者皆謂大。(《說文解字注·艸部》，第35頁下)

156. 蓂 mì

析蓂，大薺也。［注］从艸，冥聲。莫歷切。古音在十一部。

段注：《説文》字多與《爾雅》異，後人依《爾雅》改之。(《説文解字注 · 艸部》，第 35 頁下)

157. 苵 dié

蒜苵也。［注］从艸，失聲。徒結切。十二部。

段注：郭於蒜字逗，以苵釋蒜。許合蒜苵二字爲艸名。凡《爾雅》固有舉其名而無訓釋者，不當強爲句絶也。(《説文解字注 · 艸部》，第 36 頁上)

補：《爾雅》《本艸》經疏皆入木類，今驗實木也。而《説文》正从艸，此沿自古、籒者。

158. 茮 jiāo

茮菉也。从艸，［注］尗聲。子寮切。古音在三部。

段注：凡析言有艸木之分，統言則艸亦木也，故造字有不拘爾。(《説文解字注 · 艸部》，第 37 頁上)

159. 葉 yè

艸木之葉也。［注］从艸，枼聲。與涉切。古音在八部。

段注：凡物之薄者，皆得以葉名。(《説文解字注 · 艸部》，第 37 頁下)

160. 莌 yín

艸多皃。从艸，犾聲。江夏平春有莌亭。［注］語斤切。十三部。

段注：凡云有某亭有某縣者，皆證其字形，不必名縣名亭取字義也。(《説文解字注・艸部》，第 39 頁上)

161. 蔽 xiāo

艸皃。从艸，歊聲。《周禮》曰：轂獘不蔽。［注］許嬌切。二部。

段注：凡許君引經傳，有證本義者，如薇薇山川是。有證假借者，如轂敝不蔽，非關艸皃也。(《説文解字注・艸部》，第 39 頁下)

162. 藪 sǒu

大澤也。从艸，數聲。九州之藪：楊州具區，荆州雲夢，豫州甫田，青州孟諸，兖州大野，雝州弦圃，幽州奚養，冀州楊紆，并州昭餘祁，是也。［注］蘇后切。四部。

段注：凡職方氏之川𣹢，《説文》散舉之，藪則彙舉之。(《説文解字注・艸部》，第 41 頁下)

163. 䌛 yáo

艸盛皃。从艸，繇聲。《夏書》曰：厥艸惟䌛。［注］余招切。古音在三部。

段注：此許君引《禹貢》明從艸繇會意之恉。引經説字形之例，始見於此，詳後蘿下。(《説文解字注・艸部》，第 41 頁下)

164. 蘿 lí

艸木生箸土。从艸，麗聲。《易》曰：百穀艸木麗於地。［注］吕支、郎計二切。十六部。

段注：凡引經傳，有證字義者，有證字形者，有證字音者。如艸木麗於地，説從艸麗；豐其屋，説從宀豐，皆論字形耳。(《説文解字注・艸部》，第 42 頁上)

165. 蒜 suàn

葷菜也。菜之美者，雲夢之葷菜。［注］从艸，祘聲。蘇貫切。十四部。

段注：凡物之小者偁卵。(《説文解字注・艸部》，第 45 頁上)

166. 萑 yù

艸也。从艸，隺聲。《詩》曰：食鬱及萑。［注］余六切。古音在二部。

段注：宋掌禹錫、蘇頌皆云：《韓詩》六月食鬱及萑。許於《詩》主毛，而不廢三家也。(《説文解字注・艸部》，第 45 頁下)

167. 蓱 píng

苹也。［注］从艸水，并聲。薄經切。十一部。

段注：此與前苹字互訓，而不類廁者，以字體篆籒别之也。(《説文解字注・艸部》，第 45 頁下)

168. 荓 píng

苹也。从艸水，并聲。［注］薄經切。十一部。

段注：舊作從艸，洴聲。《説文》無洴字，今改同瀳蕩藻字之例。(《説文解字注・艸部》，第 45 頁下)

169. 茸 róng

艸茸茸皃。从艸，耳聲。［注］而容切。九部。

段注：今本作聰省聲，此淺人所肊改。此形聲之取雙聲不取疊韵者。(《説文解字注・艸部》，第 47 頁上)

170. 蓐 rù

陳艸復生也。从艸，辱聲。一曰蔟也。凡蓐之屬皆从蓐。蓐，籒文蓐，从茻。［注］而蜀切。三部。

段注：此不與艸部五十三文爲類而別立蓐部者，以有薅字從蓐故也。(《説文解字注・艸部》，第 47 頁下)

（第十二輯刊用到此，待續）

图书在版编目（CIP）数据

语言历史论丛．第十二辑/四川师范大学汉语研究所编．
—成都：巴蜀书社，2019.7
ISBN 978-7-5531-1173-5

Ⅰ.①语…　Ⅱ.①四…　Ⅲ.①语言学－文集　Ⅳ.
①H0-53

中国版本图书馆 CIP 数据核字（2019）第 129444 号

语言历史论丛（第十二辑） 四川师范大学汉语研究所　编

责任编辑　王群栗　马　兰
出　　版　巴蜀书社
　　　　　成都市槐树街 2 号　邮编 610031
　　　　　总编室电话：（028）86259397
网　　址　www.bsbook.com
发　　行　巴蜀书社
　　　　　发行科电话：（028）86259422　86259423
经　　销　新华书店
印　　刷　成都春晓印务有限公司
　　　　　电话：（028）88450462
版　　次　2019 年 7 月第 1 版
印　　次　2019 年 7 月第 1 次印刷
成品尺寸　203mm×140mm
印　　张　6.25
字　　数　180 千字
书　　号　ISBN 978-7-5531-1173-5
定　　价　30.00 元